美丽泰州

MEILI TAIZHOU

徐金城 孙 平 朱三峰 主编

南京大学出版社

编辑委员会

序　言

　　在泰州这片美丽的土地上，我们有幸可以触摸到这座城市的历史纹理，呼吸到沧桑的味道；可以走进历史深处，聆听大师的足音，领略前贤的风采；可以享受江淮海三水激荡所形成的文明盛宴，汲取到不尽的营养，让后来者的我们能够在文明烛照下继续不断前行。

　　泰州之美，美在穿越时空的地理风貌。沧海桑田间，成为一方水土赓续绵延的记忆载体，每个时代都在这方水土上烙下自己的痕迹。7500年前，泰州从海中升起，而后大海向东延伸几百千米，又把泰州托付给了长江。江、淮、海"三水交汇"，滋养了这方生生不息的富饶土地。"泰州"两个字，"泰"为人在三水中，"州"为临水而居，水成为泰州这座城市的"灵魂"。水绕城、绿抱水，生态好、环境美，千年凤城河、十里溱湖水、千垛菜花海、水上绿森林，已经不仅仅是风景，而是留存在这座城市时间和空间里的生命的热度、文化的积淀。"泰州太美，顺风顺水"正在成为一代又一代泰州人共同的记忆。

　　泰州之美，美在深植血脉的历史文化。城市文化是城市历史底蕴和人文气息的总和。泰州州建南唐，文昌北宋，2100多年的建城史，兼容吴楚越之韵，汇聚江淮海之风，人文荟萃，文脉灵动。泰州文化始终与贤达相连，书法评论家张怀瓘、《水浒传》作者施耐庵、"泰州学派"创始人哲学家王艮、评话宗师柳敬亭、"棋圣"黄龙士、"扬州八怪"代表人物郑板桥、京剧艺术大师梅兰芳，都是泰州历代名贤中的杰出代表。此外，宋代名相晏殊与范仲淹、抗金名将岳飞、《桃花扇》作者孔尚任，也在泰州历史上写下了灿烂的一页。泰州文化始终与英雄相连，载入史册的"黄桥决战"在这里拉开战场，《黄桥烧饼歌》传唱至今。渡江战役中，解放军将士在这里扬起渡江的第一帆，人民海军从此驶向大海。泰州文化始终与教育相连，自古崇文尚儒、重教兴学。从宋代教育大家胡瑗的"明体达用"，到明代平民哲学家王艮的"百姓之道"，再到近代吴贻芳的"厚生"精神，泰州文化始终被教育深深浸润。

　　泰州之美，美在代代传承的城市精神。700多年前，著名旅行家、意大利人马可·波罗在游历泰州后就曾经评价道："这城不很大，但各种尘世的幸福极多。"

建市 20 年来，泰州这座城市的尘世幸福越来越多。"幸福"已经成为泰州最为生动的城市表情和最具代表的精神名片。泰州人民勤劳质朴、真诚善良，这里凡人义举多，社会正能量多，"和谐之城、爱心之城"已演变为城市的时代律动。在追求城市"幸福"的路途上，泰州秉持"四个长期""三个不相信"精神，不断展现着"康泰之州、富泰之州、祥泰之州"的独特魅力，绽放着"医药名城、文化名城、生态名城、港口名城"的灿烂光芒。我们生于兹、长于兹，泰州精神已经流淌在我们的血液里，成为我们为人处事的行为"因子"。无论我们身处何方、将往哪里，泰州都将成为我们灵魂安放的处所，虽身不能及，但心向往之。

如果说人生是一条射线，那家乡就是端点。一个人只能走出家乡的视野，却永远走不出故乡的情怀。"留住乡愁"，是中共中央总书记、国家主席习近平的牵挂，也是全体中国人心中永恒的渴望与追求。2014 年教师节，泰州市委书记蓝绍敏在调研教育座谈会上向教育发问："如何加强市情教育，让我们培养的学生为我们这座城市而自豪，更加热爱家乡，将来回报家乡，真情服务家乡？"我以为这样振聋发聩的发问，切中了教育内涵的基本要旨。教育是让人成其为"人"的事业，一个让人忘却故乡，继而逃离故乡的教育注定是畸形的教育。印度古人说："无论黄昏把树的影子拉得多长，它总和根连在一起。"无论我们走得多远，心总要和家乡连在一起。教育应当也必须承担起这样的责任。

迈克·克朗在其《文化地理学》中指出："地方不仅仅是地球上的一些地点，每一个地方代表的是一整套的文化。它不仅表明你住在哪儿，你来自何方，而且说明你是谁。"从这个意义上说，乡情知识一定扎根于地方文化之中，为生活在这片土地上的人们所创造、所拥有、所共享，承载着这片土地上的人们的生存智慧和精神追求。如果将乡情知识与具体课程内容相结合、相联系，那么这些知识同样可以冲破地方的时空，具有普适意义与价值。因此，编写一本好的地方乡情教育教材，可以更为深刻地支持对教育本质、教育目的和教育价值等教育根本问题的理解。

更为重要的是，今年，泰州市委、市政府已经明确全市教育事业发展"十三五"目标任务是全面构建泰州卓越教育体系，并将构建"卓越课程体系""素质教育实施体系""卓越教师培训体系""现代学校治理体系"作为构建泰州卓越教育体系的四大关键任务。我想，地方课程一定是卓越课程体系的题中之义和重要内容。长期以来，地方课程一直没有形成一个科学严谨准确的定义，地方课程开发也就处在热热闹闹的国家课程和校本课程建设的"夹缝"之中，境地尴尬。我以为，地方课程开发应该服从于地方课程的性质、功能和任务，它应该具备未来视野，不仅用来回眸历史，关注当下，更需展望未来，着眼于中华民族伟大复兴和全面小康社会建设；应该具备国际胸怀，不仅要关注本地，更要瞭望整个世界，着眼于全球化背景下地方发展和课程资源利用。一言以蔽之，地方课程开发就是要从地方资源的实际出发，而又超越狭隘的地方视野；从教育发展的实际出发，而又超越单纯的教育视野。

基于这样的认识，由市教育局牵头组织，集结起一批老师，特别是泰州学院的有关专家，立足泰州历史记忆与个性文化，面向学生需要，对泰州悠久灿烂的历史文化和日新月异的建设成就，进行了系统的、深入的、富有创造性的梳理、概括和总结，编写了《美丽泰州》这本地方教材。这本教材全面反映了泰州地理生态环境、经济社会发展和历史文化传统，并特别关注了泰州人积极、健康、向上的时代精神和生活态度。这本教材的出现，不仅强化了学校教育与社会发展、经济发展和人文传统的联系，增进了我市广大中小学生对家乡的理解，更主要的是学生通过与教材对话，不断积淀乡土文化底蕴，从而建立起他们和乡土精神的地缘联系，培养起他们浓烈的故乡情怀，激发起他们热爱家乡、建设家乡的无限热情。

细细品读，我以为这本教材在编写上具备以下三方面的特色：

在课程形态上，《美丽泰州》兼顾学科，更在整合学科。在编写过程中，我们特别强调要突破狭隘的"学科课程"思维框架，以人的发展为轴，从学科融合的高度贯通地方经济、文化、历史、教育、自然、地理等多方面内容，旨在通过教材的编写，引导学校开发实施地方性的综合实践课程，从而构建富有浓郁泰州特色的地方课程体系。

在价值取向上，《美丽泰州》立足泰州，更在观照泰州。教材由"水陆要津宜居宝地""汉唐古郡 淮海名区""百业兴旺 经济发达""教育兴市 体卫繁荣"四个章节组成，在重点讲述乡土知识、风貌和生活等显性知识的基础上，还在"知识窗""在线学习""想一想"等学习环节设置了思想意识、道德伦理、人文艺术等关联性知识，注重更大区域内共性问题的整合，以拓宽学生的胸襟和视野，目的就是要将乡情知识作为培养人、发展人的鲜活素材，有效增强地方教材的教育功能和发展功能。

在素材选择上，《美丽泰州》着眼美丽，更在延展美丽。通过解读"美丽"，孩子们将深入欣赏到泰州文化沃土的深厚积淀、文化精髓的博大灿烂，详细了解到泰州优越的地理位置、良好的生态环境、璀璨的地域文化、辈出的贤能名人、美丽的乡镇古村，特别是工业、农业、旅游业和科技、文化、教育、体育、卫生等经济文化建设的日新月异。

一本优秀的地方教材，能将过往的历史和璀璨的文化留住；如果《美丽泰州》这本教材，能让我们的孩子牢记"乡愁"，并将美好代代传承，我以为足够了。

奚爱国

2016 年 8 月 20 日

（作者系泰州市政协副主席、市教育局局长）

目录

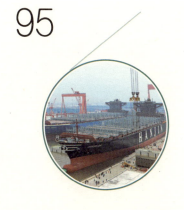
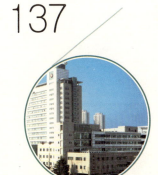

第一章

水陆要津　宜居宝地

第一节　通江达海

泰州 是江苏中部的一颗璀璨明珠，是长江三角洲中心城市之一。泰州东近黄海，南临长江，北望淮河。境内平原广袤，良田万顷；河塘港汊星罗棋布，水产丰足，自古就是"水陆要津，咽喉据郡"。

千百年来，泰州风调雨顺，安定祥和，被誉为"康泰之州""富泰之州"和"祥泰之州"。

1　地理位置

泰州位于我国东部沿海地区，地处长江及淮河的下游。东部与南通毗邻，北部和盐城接壤，西部与扬州相连，南部与苏州、无锡、常州、镇江四市隔江相望。泰州是苏中地区通江入海的重要交通枢纽。现辖靖江、泰兴、兴化三个县级市，海陵、高港、姜堰三区及泰州医药高新区。全市总面积5787平方千米，总人口508万。

学习聚焦

你会学到什么？

● 泰州的经纬度位置
● 泰州的相对地理位置
● 泰州优越的交通位置

为什么你要学习？

认识一个地区，首先要了解这个地区的地理位置。地理位置优越与否，关系着这个地区的交通是否便利，经济是否快速发展，人民生活是否幸福安康。

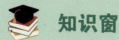

知识窗

　　地理位置　通常情况下，地理位置有绝对地理位置和相对地理位置之分。绝对地理位置主要是准确定位的位置，以经纬度为度量标准。地球上每一个地方都有自身唯一的经纬度值，如泰州市的经度位置和纬度位置。相对地理位置是以参考点的周围事物进行确定，对地理事物的时空关系作定性的描述，如我国位于亚洲的东部，太平洋的西岸。

江苏省行政区划图　　　　　　泰州市行政区划图

在线学习

网络搜索：

　　查阅泰州市行政区划图，找到你就读学校的位置。

　　泰州市位于北纬32°01′57″～33°10′59″，东经119°38′21″～120°32′20″，处于地球北温带的南缘。

五带 地球上，不同的地区所得到太阳的热量是有差异的。因此，人们根据这样的差异将地球分成了五带，即北寒带、北温带、热带、南温带、南寒带。其中，热带地区获得的太阳能量最多，寒带地区最少。

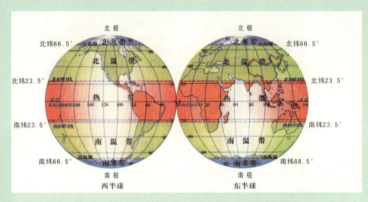

地球上的五带

想一想

说说你家所在的地理位置。

2 水陆交通

泰州水陆交通便捷，有航空、铁路、公路、水运等，"公铁水空"纵横交错，形成了承南启北、内联外畅的大交通格局。

泰州地理位置优越：东西承接上海、南京两大经济圈，南北连接苏南、苏北两大经济板块，是长江三角洲工业发达、商贸繁荣的城市之一。

泰州引江河

泰州大桥

想一想

未来，泰州还可以发展哪些交通运输方式？

 知识窗

交通运输方式 公路运输机动灵活，可实现门到门的运输，适于短途客货运输；铁路运输能力较大，速度较快，成本较低，适于中长距离客货运输；水路运输具有运量大、能耗少、成本低的优点，但速度慢，适于大宗、低值、笨重及散货运输；管道运输成本低，可连续输送，适于流体货物运输；航空运输速度快，成本高，适于中、长距离的客货运输。

● **公路** 泰州市公路总里程已达上万公里。宁靖盐（南京—靖江—盐城）、京沪（北京—上海）、启扬（启东—扬州）、宁通（南京—南通）、江广（江都—扬州广陵）、溧海（溧阳—海安）、泰镇（泰州—镇江）、阜兴泰（阜宁—兴化—泰州）等高速，基本构成两纵两横的高速公路网。众多的国道、省道与高速公路相连接，辅以密如蛛网的乡村公路，形成四通八达的泰州公路网络。

泰州东环高架

江阴长江大桥和泰州大桥的建成，使泰州公路与长江南岸各地的公路也连接起来了，更加紧密地融入到全国交通运输网之中。

泰州火车站

　　● **铁路**　宁启铁路（南京—启东）和新长铁路（江苏新沂—浙江长兴，国家一级干线）贯穿泰州。

　　泰州火车站于2005年7月1日正式启用。现有开往北京、广州、深圳、哈尔滨、兰州、成都、昆明等地的多条始发客运列车线路。2016年5月，宁启铁路动车正式开通，标志泰州驶入了动车时代。

泰州铁路分布示意网

动车开行

● **水运**　古代泰州就因内河航运而兴起，流淌2000多年的运盐河对古泰州的兴盛发挥了重要作用。泰州是水运大市，航道资源丰富，通航里程达2567千米，占江苏省十分之一。500吨级船舶在泰州内河可畅通无阻，万吨级船舶可在泰州港自由停泊。泰州港已迈入亿吨大港行列，"港口名城"已成为泰州的城市名片之一。

泰州港高港港区

知识窗

　　泰州港　泰州港为国家一类开放口岸，分高港、泰兴和靖江三大港区。高港港区是泰州港的核心港区，现有杨湾、高港、永安三个长江港区和海陵内河港区。泰州港有万吨级泊位55个，是全国第23个亿吨大港。港口岸线稳定，水深域宽，风平浪低，潮汐差小，可常年通航靠泊5万吨级的海轮。5万吨级集装箱码头开港运营。泰州港水陆交通十分便捷，素为苏中及苏北地区货物进出口的重要门户，是长江下游北岸理想的海、江、河联运和铁、公、水中转的良港。

● **航空** 扬州泰州机场位于扬州市江都区丁沟镇境内，距泰州市区约20千米，于2012年5月8日正式通航。扬州泰州机场是苏中的航空枢纽，已运营的航线通往北京、天津、沈阳、哈尔滨、西安、成都、重庆、贵阳、昆明、厦门、广州、深圳、海口、三亚等多个城市。去往台湾、香港和韩国等航线的开通，标志着扬州泰州机场正式迈入国际机场行列，拥有执飞国际航班的资格，成为对外开放的口岸机场。随着连通海内外的空中运输通道的全面打通，泰州与世界的沟通更加便捷，有利于提升泰州的综合城市竞争力。

扬州泰州国际机场

选择合理的交通运输方式

根据下列情境，选择合理的运输方式。

1. 一吨活鱼从兴化运往泰州城区。（　　　　）

2. 泰州老王有急事须第二天赶到北京。（　　　　）

3. 五万吨大米从泰州运往青岛。（　　　　）

4. 张宁准备从泰州到哈尔滨旅游。（　　　　）

5. 500吨钢材从泰州运往兰州。（　　　　）

制作拼图

活动目的：根据江苏省行政区划图和泰州市行政区划图制作拼图，熟悉泰州市在全省的位置及泰州市的市区组成。

活动步骤：

1. 选择：江苏省行政区划图或者泰州市行政区划图。

2. 描摹：用透明纸描摹地图，选出一张你描画得最好的图片（或者画好贴在硬纸板上）。

3. 设计：根据色彩或者行政区划设置切割线（设计的图形要标准、美观，要借用绘图工具进行构图），用剪刀小心剪裁。（一定要注意安全哦！）

4. 作品交流：展示学生作品，互换拼图作品，并说说对方作品的优点和缺点。

章节 回顾

总 结

地理位置

- 泰州的经纬度位置
- 泰州的相对地理位置
- 泰州优越的交通位置

水陆交通

- 公路
- 铁路
- 水运
- 航空

自我检测

1. 辨别：泰州的经度、纬度位置。

2. 解释：地理位置、五带。

3. 列举：公路、铁路、水运和空运四种交通运输方式各自的优缺点。

4. 描述：泰州地理位置的优越性。

第二节　气候宜人

泰州 地处世界典型的季风气候区之一——东亚季风气候区内。这里春秋季较短，夏冬季较长，全年无霜期长，热量充裕，降水丰沛，雨热同期，十分有利于农业生产。泰州气候宜人，风景秀丽，春天的油菜花海，夏天的湿地风光，秋天的蓝天碧水，冬天的寒梅傲霜，无不令人陶醉。泰州是一座宜养、宜居、宜游的城市。

学习聚焦

你会学到什么？

● 泰州的气候类型
● 泰州的气候特征

为什么你要学习？

气候决定着哪些类型的植物和动物能够在这种环境下生存，同时也影响着人们的生活方式和生产方式。

1　气候类型

泰州的气候类型是亚热带季风气候，夏季高温多雨，冬季低温少雨。

泰州常年以东南风居多，春、夏两季多东南风，秋季多东北风，冬季以偏北风为主。

有记载以来，年平均气温15.4℃，1月和7月的平均气温分别为2.4℃和27.5℃。极端最高气温达41.5℃，极端最低气温为−19.2℃。年平均降水量为1037.3毫米，一日最大降水量为312.2毫米，年最小降水量为392.1毫米。年平均霜期65天。

秋雪湖公园

季风 由于大陆和海洋在一年之中增热和冷却程度不同，在大陆和海洋之间大范围的、风向随季节有规律改变的风，称为季风。

亚洲是世界上季风气候最显著的地区。南亚地区以热带季风气候为主，东亚以亚热带季风气候和温带季风气候为主。

天气 天气是一定区域短时段内的大气状态及其变化的总称。如冷暖、风雨、干湿、阴晴等。泰州市特殊且重要的天气有寒潮、梅雨、台风等。

气候 气候是某一区域若干年内大气的一般状态，如"夏季高温多雨，冬季低温少雨"即亚热带季风气候，"夏季高温多雨，冬季寒冷干燥"是温带季风气候。气候除具有大致按纬度分布的特征外，还具有明显的地域性特征。按水平尺度大小，气候可分为大气候、中气候与小气候。大气候是指全球性和大区域的气候，如热带雨林气候、高原气候等；中气候是指较小自然区域的气候，如森林气候、城市气候、山地气候以及湖泊气候等；小气候是指更小范围的气候，如一个山头或一个谷地的气候。

泰州人民公园

想一想

区别以下概念：降水、降雨、降雪

你能判断出下列诗句哪些是描述天气，哪些是描述气候的吗？

1. 忽如一夜春风来，千树万树梨花开。（唐·岑参《白雪歌送武判官归京》）（   ）

2. 人间四月芳菲尽，山寺桃花始盛开。（唐·白居易《大林寺桃花》）（   ）

3. 东边日出西边雨，道是无晴却有晴。（唐·刘禹锡《竹枝词二首·其一》）（   ）

4. 相见时难别亦难，东风无力百花残。（唐·李商隐《无题·相见时难别亦难》）（   ）

5. 好雨知时节，当春乃发生。（唐·杜甫《春夜喜雨》）（   ）

6. 夜来风雨声，花落知多少。（唐·孟浩然《春晓》）（   ）

测量我们周边的气温

活动目的：绘制一幅"日气温变化曲线图"。

活动步骤：

1. 制作百叶箱

（1）如图用一条条的薄木片做成，漆成白色，门朝北开。

（2）里面有温度计，还有干湿球温度计、最高最低温度计等。

（3）放置在一块开阔的草坪上，离地面大约1.5米。

2. 在课余时间坚持观察一段时间，记录一天中早晨、上午、中午、下午和晚上的气温，并用8开的纸绘制一幅"日气温变化曲线图"。

测量并比较家里室内的温度和气象台预报的温度有何差异。

气象观测百叶箱

2 天气现象

● **春季** 进入春季，泰州气温逐渐升高，降水适中。春暖花开，万象更新，气候宜人。春季的泰州，天气多变。分别来自北方和南方的冷暖气团在此互相较量，旋进旋退，导致天气时寒时暖，乍晴乍雨。正如民谚所说："春天孩儿面，一天有三变。"春雨对小麦、油菜等越冬作物的返青、生长，以及春播作物的下种和萌发都是极为有利的，故民间有"春雨贵如油"之说。

桃园春景

知识窗

微气候 微气候是与区域内主要气候类型不同的局部气候。城市内的高层建筑、公园、湖泊及绿化都会对周围地区的气候造成影响。如泰州天德湖公园内的广阔湖面及郁郁葱葱的树木就会形成微气候。泰州市中心区密集的建筑和拥挤的交通也会形成微气候。

想一想

在气象意义上，泰州什么时候开始进入春季呢？

在线学习

网络搜索：

泰州人热爱、感悟春天，故众多道路"春"光无限，从新版市区地图上找出带有"春"字的路名并与同学们分享。

● **夏季** 在季风的吹拂下，来自太平洋上的暖湿气流给泰州带来丰沛的降水。夏季的泰州草木旺盛，空气湿度较大。

夏季，泰州最具代表性的天气是梅雨和伏旱。梅雨发生在初夏，正常多在6月中下旬到7月上中旬之间，以持续连绵的阴雨为主要特征。此时，器物易霉，故亦称"霉雨"，简称"霉"；又值江南梅子黄熟之时，故亦称"梅雨"或"黄梅雨"。古诗"黄梅时节家家雨，青草池塘处处蛙"正是梅雨季节的写照。梅雨天气一般持续23天左右，有利于水稻、玉米、棉花等农作物的生长发育。

伏旱发生于梅雨期之后，骄阳似火、高温闷热、蒸发旺盛，午后最高气温平均高达 34 ~ 35 ℃。高温加高湿，人体不易排汗，时感闷热难耐。

溱湖夏景

知识窗

夏天饮食 增加一些苦味食物。苦味食物中所含的生物碱具有消暑清热、促进血液循环、舒张血管等药理作用。

补充盐分和维生素。高温季节最好每人每天补充维生素 B、维生素 C 及钙、钠等营养素，这样可减少体内糖类和组织蛋白的消耗，有益健康。

不可过食冷饮和饮料。天气炎热时适当多吃一些瓜果，能起到一定的祛暑降温作用。

在线学习

网 络 搜 索：

找一找，还有哪些你不知道的消暑降温的方法？

秋天的水上森林公园

● **秋季** 秋季泰州气温渐低，时有降水，水量适中。俗语说，"秋旱出黄金"。

秋季，冬季风逐渐加强，冷空气南迁并慢慢占据泰州，气压也逐渐升高，多出现晴朗天气。这时的风力也不大，有利于农作物的成熟和收割。

想一想

面对寒潮侵袭，我们应当采取哪些预防措施呢？

●**冬季** 冬季泰州低温少雨，多数树木落叶。除寒潮强烈侵袭时外，河流一般不结冰。冬季降水少，空气常常偏干。晴天多，寒暖交替，形成"三日寒，四日暖"的天气变化。个别年份，当北方强冷空气南下时，全市普遍降温，气压上升，常伴有大风、雨雪等天气现象，易出现霜冻、寒潮等气象灾害，农作物遭遇冻害，给人们的生活带来不便。

知识窗

寒潮 寒潮是对我国影响范围最大的一种灾害性天气。所谓寒潮，就是北方的冷空气像潮水一样大规模地向南侵袭，造成我国大范围急剧降温和偏北大风的天气过程。寒潮一般多发生在秋末、冬季、初春时节。我国气象部门规定：某一地区冷空气过境后，气温24小时内下降8℃以上，且最低气温下降到4℃以下；或48小时内气温下降10℃以上，且最低气温下降到4℃以下，即寒潮。

冬天的泰山公园

想一想

完成关于泰州四季气候的概念图。可供选择的词语：伏旱、寒潮、高温多雨、草木旺盛、天高气爽、低温少雨。

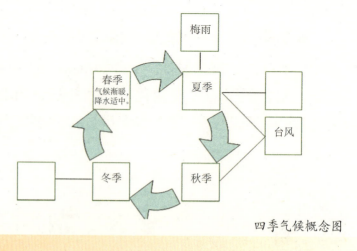

四季气候概念图

家乡气候手抄报设计

活动目的：加深对泰州气候的了解。

活动步骤：

1. 学生自主选择，分为四组。

2. 每组分别选择泰州的一个季节作为主题，设计一份手抄报，要求突出泰州的季节特点。

3. 将手抄报在班上展览，并进行评比。

章节 2 回顾

总 结

气候类型

- 适宜的温度
- 丰沛的降水

天气现象

- 春季
- 夏季
- 秋季
- 冬季

自我检测

1. 辨别：气候和天气。

2. 列举：泰州的一些天气现象。

3. 解释：季风、梅雨、寒潮。

4. 描述：泰州的气候特征。

5. 推断：根据泰州的纬度位置，推断泰州夏季的气温特征。

第三节　平原水乡

　　水是泰州的根基和灵魂，也是泰州的资源和财富。泰州，三水交汇，风光无限，长江、淮河、黄海在泰州汇聚和激荡。人杰地灵的泰州自古以来就以水城著称，以水乡闻名。泰州境内有近1000平方千米的水域，河流湖泊多得数也数不清，组成一张绿悠悠、湿漉漉的水网。外江如带，内河如织，如诗如画，水乡风光和风情看不尽，唱不完。

学习聚焦

你会学到什么？

● 泰州的地形地势
● 泰州的河流湖泊

为什么你要学习？

　　通过领略家乡的地貌、水文等自然环境，加深我们的爱乡之情。通过了解家乡的优美环境，强化我们的环保意识。

1 地形地势

泰州里下河平原景色

　　●**平原**　泰州属长江中下游平原中长江三角洲和里下河平原的一部分。境内除东南部靖江有一突兀的独立山丘（孤山）外，其余均为江淮两大水系冲积平原。地势呈中间高、两头低走向。

　　全市地势平坦开阔，土层深厚，土壤肥沃，水网密布，灌溉便利，是理想的农耕之地。全市总面积 5787 平方千米，其中陆地面积占 82.74%，水域面积占 17.26%。

网络搜索：

通过网络或其他资料，了解冲积平原形成的过程。

靖江孤山

 知识窗

里下河平原 里下河平原位于江苏省中部，西起里运河，东至串场河，北自苏北灌溉总渠，南抵新通扬运河。因里运河简称里河，串场河俗称下河，平原介于这两条河道之间，故称里下河平原。其地域包括泰州、扬州、盐城、淮安、南通5市的部分区县，是江苏省内长江与淮河之间最低洼的地区。总面积13500余平方千米，人口1000多万。

2　河流湖泊

泰州境内，河湖密布，水网纵横，有近千平方千米的水面，是名副其实的"水乡"。

●主要河流

泰州境内河流大致以原通扬公路为界，路北属淮河水系，路南属长江水系。人们习惯上把属于长江水系的老通扬运河和与之相连接的河流称为"上河"，而把属于淮河水系的新通扬运河和与之相连的河流称为"下河"。高水位时，上河水位高于下河水位1.2米左右，平均水位差为0.9米。

全市主要河流，纵向的有：引江河、上官河、下官河、卤汀河、南官河、渭水河、唐港河、雌雄港、泰东河、姜黄河、季黄河、夏仕港、十圩港等；横向的有：通扬运河、新通扬运河、蚌蜒河、海沟河、白涂河、周山河、南干河、宣堡河、天星港、如泰运河、古马干河、横港等。

老通扬运河

新通扬运河

周山河

想一想

1. 泰州河湖众多，你能说出一些你所知道的河湖名称吗？

2. 查找资料，思考河流对泰州城市的发展有什么至关重要的影响？

3. 查找江苏省行政地图，看看长江和淮河分别在泰州的什么方位？

知识窗

自柴墟归海陵

明·储巏（quán）

北望江乡水国中，帆悬十里满湖风。

白萍无数依红蓼（liǎo），惟有逍遥一钓翁。

溱湖

● 主要湖泊

泰州地区湖泊数量多，面积有大有小。从成因上看，分为天然湖泊和人工湖泊。天然湖泊多为古潟湖，人工湖泊主要满足人民水产养殖、蓄洪以及观赏的需要。从分布上看，北部地区多于南部地区。北部地区，地势低洼，水网呈向心状，由四周向低处集中，这里的湖泊分布较多。湖泊多分布在兴化市境内和姜堰区北部地区。

兴化境内有5湖12荡，水域面积较大的湖泊有：得胜湖、郭真湖、蜈蚣湖、大纵湖（该湖有一半在盐城市境内）、平旺湖、沙沟南荡、乌巾荡等。姜堰北部有鲍老湖、鸡雀湖（又名喜鹊湖）等。

天德湖

凤凰河

知识窗

潟（xì）湖 潟湖是被沙嘴、沙坝或珊瑚分割而与外海相分离的局部海水水域。海岸带泥沙的横向运动常可形成离岸坝——潟湖地貌组合。波浪向岸运动，泥沙平行于海岸堆积，形成高出海水面的离岸坝，坝体将海水分割，内侧便形成半封闭或封闭式的潟湖。潟湖与外海隔离以后，形成一个稳定的沉积环境，被沉积物填满后成为潮滩，再逐步演化为海岸平原。潟湖为沿岸的港口建设和航运提供了良好的条件，也是天然养殖场。潟湖因其独特的地理环境及波浪状况还可开发为旅游区和水上运动基地。长江三角洲上的太湖，杭州的西湖等都是潟湖。

课题研究：泰州水资源情况调查研究

1. 填写研究计划表

课题题目	泰州水资源情况调查研究	指导教师	
组长		课题组成员	
主导课程	地理	相关课程	物理、生物、语文等

简要背景说明：

课题的目的和意义：

活动计划：
①活动计划及任务分工：
②活动步骤：

预期成果：调查研究报告

表达形式：文字、文献资料

指导教师指导意见：

2. 研究评估表

课题题目	泰州水资源情况调查研究	
组长	课题组成员	
指导老师		
自评意见		
互评意见		
指导教师点评		

3. 结题报告

章节 3 回顾

总 结

地形地势
● 平原地形
● 里下河平原的历史

河流湖泊
● 泰州的主要河流
● 泰州的主要湖泊

自我检测

1. 辨别：河流与湖泊的区别。

2. 列举：泰州的主要河湖名称。

3. 解释：冲积平原、潟湖。

4. 描述：泰州的地形特点。

5. 推断：泰州是理想农耕之地
   的原因。

第四节　生态文明

泰州是全国文明城市、国家环保模范城市、国家卫生城市，天蓝、地绿、水清，彰显出"以人为本、以水为魂、以绿为韵、以文为脉"的水城水乡生态特色。发展经济，环保优先。生态环境保护是功在当代，利在千秋的事业。泰州的环境保护，措施扎实，成效显著。一个良性循环的城乡生态系统正在形成，全国生态文明示范市正在创建之中。

学习聚焦

1　生态城市

生态城市是社会、经济、自然协调发展的新型聚居环境，是有效利用环境资源、实现可持续发展的新的生产和生活方式。

泰州建市之初就确立了"生态立市"的发展理念，城市的建设具有和谐性、高效性、持续性、整体性、区域性、协调性和结构合理七个特点。

你会学到**什么**？

●泰州的生态环境
●泰州的文明城市建设

为什么你要学习？

了解泰州的生态文明建设，让环保的理念深入到学习生活的方方面面，让我们的行为更加符合科学、卫生、健康、绿色的要求。

知识窗

生态城市　按照生态学原理，生态城市是高效、和谐、健康、可持续发展的人类聚居环境，是一个经济高度发达、社会繁荣昌盛、人民安居乐业、生态良性循环四者保持高度和谐的人工复合生态系统。

生态城市是环境、自然与技术的充分融合。城市环境清洁、舒适、安全，失业率低、社会保障体系完善，最大限度地发挥人的生产力和创造力，使科技更好地为自然服务，有利于提高城市文明程度的稳定、协调、可持续发展。

网络搜索：

今天泰州市的空气质量。

秋雪湖景区

●生态宜居

泰州市绿化建设始终坚持"以水凸显城市的灵性，以绿提升城市的品质，以文化提升城市的品位"的建设理念，精心打造一座具有泰州特色、极富个性和魅力的碧水绿洲城。城市建成区已基本形成水、绿、城协调相映，人与自然和谐共生的现代园林城市格局。

全市环境优美，公园众多，街头景点更是星罗棋布，数不胜数。姜堰的溱湖湿地、兴化的蜈蚣湖群湿地及长江滩涂湿地，总面积达500多平方千米，蕴含丰富的生物资源，具有巨大的环境调节功能和生态效益。

泰州市鼓励市民绿色出行，市政府加大公共自行车站点建设，同时重点推广电动汽车，将对减少尾气排放、城市噪声等方面起到积极作用。

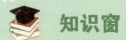
知识窗

　　泰州推进"空转绿"工程提升城市品质　绿化是提升城市品位、展示城市魅力的重要手段。泰州启动市区"空转绿"工程，利用主城区闲置空地新增绿化。以湿地涵养、高效农业为依托，全市基本形成一南一北两条"生态走廊"。至2015年年底，全市建成区绿化覆盖率、绿地率分别达到40.53%、36.8%，人均公园绿地面积9.28平方米，基本形成了步步见绿、景随步换、触景生情的城市道路新格局。

　　海绵城市　海绵城市是新一代城市雨洪管理概念，是指城市在适应环境变化和应对雨水带来的自然灾害等方面具有良好的"弹性"，也可称为"水弹性城市"。国际通用术语为"低影响开发雨水系统构建"。下雨时吸水、蓄水、渗水、净水，需要时将蓄存的水"释放"并加以利用。海绵城市建设应遵循生态优先等原则，将自然途径与人工措施相结合，在确保城市排水防涝安全的前提下，最大限度地实现雨水在城市区域的积存、渗透和净化，促进雨水资源的利用和生态环境保护。建设"海绵城市"并不是推倒重来，取代传统的排水系统，而是对传统排水系统的一种"减负"和补充，最大程度发挥城市本身的作用。

公共自行车系统

知识窗

　　绿色出行　泰州市在鼓励市民绿色出行方面，已经取得了一些成绩。泰州市政府加大公共自行车站点建设。公共自行车系统二期工程站点达到170个，自行车达到4000辆，公共自行车系统每天为泰州市节省燃油2.0724万升，相当于每天减少二氧化碳排放量47.66吨。该工程为市民提供了一个简便实用、绿色低碳的出行方式，在减少污染、疏通交通的同时，还能起到强身健体的作用。

●生态工程

泰州市目前建成了 5 个日供水量万吨以上的集中式饮用水源地，3 个备用水源地，共有 350 万人喝上了长江水，集中式饮用水源水质达标率 100%。同时采取"减煤、提标、治车、降尘、控燃"等措施启动了蓝天工程，采取"截留、治污、清淤、调控、调水、保洁"等措施启动了碧水工程。

电动汽车充电站

全市已建成日处理能力 1000 吨的垃圾发电厂，全市生活垃圾实现了"组保洁、村收集、镇转运、市处理"的工作机制。

泰州启动了三个大型公园的建设，它们是郊野公园、凤栖湖公园、天目山遗址公园。更多的游园绿地正在加紧建设中。

●生态资源——动物

随着泰州生态环境的不断改善，泰州野生动物数量也有所增加。境内现有野生动物 162 种，其中鸟类 125 种、兽类 13 种、两栖类 9 种、爬行类 15 种。

想一想

经常在你的周边出现的鸟类有哪些？你知道它们的习性吗？

知识窗

灰喜鹊 灰喜鹊（又称山喜鹊、长尾鹊）是我市鸟类的典型代表。灰喜鹊是杂食性的鸟类，在春、夏、秋三季都捕食农、林经济作物上的害虫。每只灰喜鹊全年可捕食 15000 多条松毛虫等害虫。所以，保护灰喜鹊的栖息地和繁殖环境，有利于促进生态环境的改善。

兽类的代表动物有赤狐、黄鼬、猪獾和水獭等。以黄鼬为例，黄鼬别名黄鼠狼，在里下河地区的农田中偏多，常以鼠类为食，也袭击家禽，如小鸡等。一只黄鼬每年可捕食1500~3200只鼠类，是庄稼的卫士。黄鼬在食物链中也处于关键的位置，它既是赤狐、鹰类等动物的猎物，又是鼠类等有害动物的捕食者，对维持生态系统的平衡有重要作用。

黄鼬

火赤链蛇

两栖类的代表种类主要是各种蛙类。泰州范围内的主要代表是黑斑蛙，又称青蛙、田鸡，它们主要捕食大量的害虫，在农田生态系统中有重要的作用。

在泰州分布的爬行类动物主要是龟鳖类和蛇类。蛇类有菜花黄蛇、火赤链蛇、青蛇、蝮蛇、水蛇等，主要以老鼠、青蛙、小鸟等为食。

黑斑蛙

想一想

赏公园美景　识四季景观

泰州四季皆有花可赏。春季，粉红的桃花，甜美的杜鹃，俏丽的迎春花竞相绽放；夏季，洁白的栀子花芳香怡人；金秋，桂花飘香；冬季，蜡梅凌寒而开。

下面是一组花卉图片，大家都认识吗？

展开想象，你认为未来还可以有哪些新型交通工具，让我们的家乡更低碳、更环保？

知识窗

"双水绕城"蓝图绘就，"一轴双带"景观呼之欲出

泰州正着力打造内环—北凤城河、外环—南凤城河（周山河、南官河、凤凰河）新"双水绕城"项目，在南凤城河上将布点 13 个主要景观，依次分别是廊桥寻梦、上官古渡、学怀古今、杏林文源、飞虹对月、乐塔喧波、城纪之窗、塔影凤鸣、书香揽胜、有凤来仪、水墨丹青、嘉木林立、梨园浅唱。在文化主题上将城河定位为一个窗口、两条主线。一个窗口，即为"城纪之窗"，位于城市中轴线上的周山河畔，以承启古今，开辟新篇，形成城市发展之高点、窗口。"两条主线"，从北向南，沿西城河、南官河打造"名仕—产业线"，注入名人、运河、科技、医药产业等文化内涵；沿东城河、凤凰河打造"文教—民俗线"，注入曲苑、名著、教育、民俗、科普等文化内涵。与此同时，以"两条主线"为带，分别建设"名仕—产业文化景观带""文教—民俗文化景观带"，并与城市公建景观轴一起，以水为源、内外相连，彰显出"以人为本、以水为魂、以绿为韵、以文为脉"的生态新特色，打响"泰州太美，顺风顺水"的城市新品牌。

2 文明城市

泰州是座集国家历史文化名城、中国优秀旅游城市、国家卫生城市、国家园林城市、国家环保模范城市、全国文明城市、中国宜居城市等多张国家级城市名片于一身的宜居家园，城市建设日新月异，市民素质不断提升，发展活力不断彰显，正以崭新的城市精神面貌向世人展现出迷人的风采。老百姓真真切切感受到了身边发生的变化：大马路干净了，背街小巷也更清爽了；公共绿地多了，空气也更清新了；河水清澈了，河里的鱼儿也更多了；骑公共自行车绿色出行的人多了，交通环境更和谐了……

社会主义核心价值观

富强、民主、文明、和谐
自由、平等、公正、法治
爱国、敬业、诚信、友善

社会主义核心价值观

●提高市民文明素质

文明，对一个人来说，是一种美德、一种修养、一种境界；对一座城市来说，是一种形象、一种品牌、一种实力。如今，500万泰州儿女共赴文明之约，已成为一道最为动人的风景！泰州重点推进"做一个有道德的人""建设美好家园、争做美好少年"等主题活动。大力提倡文明餐桌、文明交通、文明旅游、文明上网，推进学雷锋活动常态化、学习宣传道德模范活动常态化和志愿服务制度化，充分利用各种礼节礼仪形式和民俗活动，让人们在实践中感知和领悟核心价值观。从我做起，做文明创建的参与者，做文明礼仪的实践者，做文明的播种者、践行者，让我们共同浇灌文明之花。

●大力提倡美德善行

设立"美德善行"精品故事库，建设"美德善行"榜，创办"美德善行"促进会（基金会），推进未成年人"美德善行"育苗工程，打造"美德善行"网上工作平台，筹建泰州市"美德善行"中心展示馆等六大系列活动，使核心价值观的培育践行有人性、有温度，接地气、不悬空，被称为国家意志的泰州表达。

🎓 知识窗

向先进模范看齐 在全社会放大以杨向明为代表的见义勇为模范群体、以"爱心奶奶"团队为代表的助人为乐模范群体的集群效应，形成了百姓大学堂、百姓议事园、百姓大舞台、百姓名嘴理论宣讲队、"爱心"系列活动等特色品牌，打造"最美泰州"形象，营造学赶先进的浓厚氛围，培育和催生出更多的精神文明建设标兵，涌现出张云泉、陈燕萍、刘绍安、何健忠等全国道德模范和先进典型。

想一想

身为学生，我们在建设生态文明城市的过程中能够作出哪些贡献？

在日常生活中，我们应如何科学地使用家用电器才能更有效地节省能源、降低污染？

知识窗

"八礼四仪"教育进入中小学课堂

所谓"八礼"主要包括仪表之礼、餐饮之礼、言谈之礼、待人之礼、行走之礼、观赏之礼、游览之礼和仪式之礼。

"四仪"主要是以7岁、10岁、14岁、18岁为重要节点，举行入学仪式、成长仪式、青春仪式、成人仪式，以此教育引导未成年人强化文明礼仪素养。

"八礼四仪"，融入了"爱、善、诚、勤、俭、美"六种理念和价值取向。比如仪表之礼要求初中生和高中生"不文身，不化浓妆，不盲目追求名贵服饰"。餐饮之礼要求小学生应该懂得吃饭时不呃嘴，不口含食物说话，夹菜时不在盘中挑拣。这些礼仪的最大特点就是注重从生活细节入手，让未成年人易懂易学易做。

泰州市"十要""十不要"

十 要	十 不 要
1. 排队要有序；	1. 禁烟场所不吸烟；
2. 公交车上要为有需要的人让座；	2. 公共场所不喧哗；
3. 出入电梯要先下后上；	3. 不说脏话、粗话；
4. 接打电话要礼貌；	4. 不乱扔垃圾、烟头；
5. 遇人问路要友善；	5. 不随地吐痰；
6. 停车要规范；	6. 小区不扒翻种植；
7. 斑马线前要礼让行人；	7. 不闯红灯；
8. 用餐宴请要节俭；	8. 楼上、车窗不抛物；
9. 遛狗要牵绳；	9. 娱乐、装修不扰邻；
10. 上网要守法守规。	10. 不违规燃放烟花爆竹。

文明城市我维护

活动目的：获得"全国文明城市"的光荣称号，这既是我们泰州人的荣耀，也是我们泰州人肩上沉甸甸的责任。作为家乡泰州的小主人，我们应当尽己之力，为"全国文明城市"光荣称号的传承作出贡献！

活动步骤：

1. 制订"文明城市我维护"计划，进行小组分工。

2. 深入到环卫、园林、交警等部门，适当参与他们的工作，体会他们的辛苦。

3. 仔细观察，了解当下家乡存在的陋习和不文明现象。

4. 将生活体验中的思考所得提炼出来，写成朗朗上口的话进行宣传。

活动提醒：

1. 去各部门参与活动之前，要预先联系，确保活动有序进行。

2. 计划要结合自身实际，量力而行。

章节 4 回顾

总 结

生态城市

● 生态宜居
● 生态工程
● 生态资源——动物

文明城市

● 提高市民文明素质
● 大力提倡美德善行
● 生态文明从我做起

自我检测

1. 辨别：生态城市、文明城市。

2. 列举：泰州主要的动物资源。

3. 解释："空转绿""海绵城市"。

4. 描述：泰州在生态环境建设方面的具体措施。

5. 推断：生态工程的实施能改善泰州的生态环境。

第二章

汉唐古郡　淮海名区

第一节　历史悠久

泰州 我们可爱的家乡，有着近5000年的文明史和2100多年的建置史。泰州在西周时称海阳。汉代开始设置海陵县，东晋时设海陵郡，南唐升格为泰州。自北宋起，泰州地区文风昌盛，"凤冠淮南"。下面，就让我们展开奇妙的探索之旅，了解家乡泰州的历史沿革吧！

学习聚焦

你会学到 什么 ？

- 史前精灵
- 历史遗存
- 建置沿革

为什么 这很重要 ？

正如认识自己的家谱一样，把准泰州从古至今的历史脉络，我们就能找到全面、深刻了解家乡的钥匙！

1 史前精灵——麋鹿

泰州地区原来是一片汪洋，7000年前左右才形成了陆地。古泰州地区气候温暖，雨水充沛，水草丰茂，树木参天，有成群结队的麋鹿，是世界公认的"麋鹿之乡"。麋鹿不仅给泰州先民提供了丰富的食物，麋鹿骨头也成为泰州先民的生产工具。

泰州市博物馆陈列的麋鹿化石

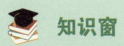

知识窗

海陵麋耕 西晋张华在《博物志》中记载："海陵县多麋，千万为群，掘食草根，其处成泥，名曰麋堰（ruán），民随而种，不耕而获其利，所收百倍。"说明在古泰州地区，曾有大量的麋鹿群在此生活，它们掘食草根，踏地成泥，形成自然的麋田，造福当地人民。

现在，姜堰区溱湖国家湿地公园内放养了80多头麋鹿，麋鹿园已成为溱湖景区重要的旅游景点。

想一想

我们应该如何保护以麋鹿为代表的本地野生动物？

生活在溱湖湿地公园里的麋鹿

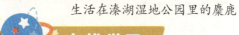

在线学习

网络搜索：

进一步了解麋鹿的生活习性，以及麋鹿与泰州的渊源。

开心活动

认识麋鹿的"四不像"

在方框内写出你所知道的麋鹿"四不像"，贴出证明图片并与中间图片相关部位相连，与同学交流你的观点。

认识麋鹿的"四不像"

2 历史遗存

泰州有 5000 年的文明史。蒋庄遗址、天目山遗址、青墩遗址、单塘河遗址、南荡遗址等，都是泰州先民典型的生活遗迹。

良渚文化分布地点在长江下游的太湖地区，其中心在浙江省杭州市余杭区良渚镇。良渚文化存续期间约为距今 5200 年至 4200 年，属于新石器时代。

蒋庄良渚文化遗址位于兴化市张郭镇，是我国考古界在长江以北地区首次发现的良渚文化大型聚落。2016 年 1 月，蒋庄良渚文化遗址成功入选由中国社会科学院主办的 2015 年中国年度"六大考古新发现"。

蒋庄良渚文化遗址，墓葬密集，随葬玉质礼器等级高，葬式、葬俗丰富。出土玉器、石器、陶器、骨器等近 1200 件。最大的特色是出自墓葬的玉器，有璧、琮、钺、璜、冠形器、三叉形玉器、玉镯、玉管、玉珠、玉坠、柱形玉器、锥形玉器、玉带及环等。另外，与余杭良渚人一样，当时的蒋庄良渚人饮食用陶器，如鼎、双鼻壶、大罐、刻纹陶罐，器型规整漂亮。通过遗址灰坑内炭化的稻米等物，可以得知早在四五千年前，泰州先民就已开始种植庄稼、驯养动物。

知识窗

什么是遗址 遗址是指人类活动的遗迹，属于考古学概念。遗址的特点表现为不完整的残存物，具有一定的区域范围，很多史前遗址、远古遗址多深埋于地表以下。

 在线学习

网 络 搜 索:

先认识一下遗址的分类，然后通过网络搜索，了解青墩遗址、单塘河遗址、南荡遗址的相关情况。

天目山遗址位于姜堰区北部，是一座四面环水的古城址。其历史最早可追溯到3000多年前，古泰州人在此建造了闪耀着文明和智慧的商周古城。

2006年5月29日，经国务院核准公布，天目山遗址作为历史时期不同朝代、不同类别、不同地域且保存基本完好的典型遗址，被列入第六批全国重点文物保护单位。

天目山商周古城出土的陶器

天目山遗址的发现与发掘，表明在西周至春秋早期，今泰州东的姜堰天目山地区，曾经是一座具有政治、军事、经济、文化功能的中心城址。这为研究与解释江淮地区西周春秋史，提供了重要实物资料。天目山西周古城位于江海交汇之处，在多水环境中，城的形制独特，与我国东南地区以往发现的同时期的古城有着较大的差别，也为比较研究我国春秋时期不同的古城，提供了新的重要实例。同时，遗址的发现，为研究中国古代城市模式以及本地区古地理、古气候、古环境提供了不可替代的珍贵资料。

天目山遗址

古人为什么要在姜堰天目山建城，看中了这里的什么优势？

寻找昔日的"海陵八景"

活动目的： 你知道吗？天目山遗址曾经是旧"海陵八景"之一，名为"天目晴岚"。那么其他七景又在哪里呢？让我们寻找昔日的旧"海陵八景"，评选现在的新"海陵八景"。

活动步骤：

1. 小组合作，查找资料，确定各自的活动目标。

2. 在父母帮助下，到实地走访，对比分析变化，作好记录。

3. 小组展示活动成果。

活动提醒：

1. 搜集的资料要准确、丰富、多样。

2. 对比时要注重细节和周边环境的变化。

活动拓展： 可开展新"海陵八景"的评选。

---

3 建置沿革

●海阳、海陵、泰州

史籍记载，泰州最早的地名为海阳。秦统一六国后，实行郡县制，海阳地属东海郡（一说九江郡）。汉武帝元狩六年（公元前117年），在此设置了海陵县。"陵"

是高地的意思，"海陵"就是海边的一块高地。东晋时期，升格为海陵郡。隋朝初年，海陵郡废，复为海陵县。到了南唐昇元元年（937年），升海陵县为泰州，"泰"为"安泰""通泰"之意，寄寓祈盼"国泰民安"之愿，这个名称一直沿用至今。因此，泰州被誉为"汉唐古郡，淮海名区"。

 知识窗

"供亿公费，不知限极，烈祖喜之，以海陵为泰州。"

——宋·马令《南唐书》

译文：（海陵县）每年能提供上亿的赋税，而且源源不断，南唐烈祖李昇（biàn）对此地非常欣赏，于是就升海陵县为泰州。

 **想一想**

你知道我们周边还有哪些城市古称中有"陵"字吗？

1911年，泰州撤州为县，名为泰县。

1949年，设立泰州市，并设苏北泰州行政区。

1950年，苏北人民行政公署泰州专区与扬州专区合并为泰州专区，专员公署驻泰州，下辖2市9县。

1953年，泰州专区撤销，泰州市划归扬州专区管辖。

1996年，经国务院批准，撤销县级泰州市，设立地级泰州市。下辖海陵区、泰兴市、姜堰市、靖江市、兴化市。

1997年，经国务院批准，设立泰州市高港区。

2009年，经国务院批准，国家级泰州医药高新技术产业开发区正式挂牌成立。

2012年，经国务院批准，撤销县级姜堰市，设立泰州市姜堰区，以原姜堰市行政区域为姜堰区行政区域。

目前，泰州市下辖靖江市、泰兴市和兴化市三个县级市和海陵区、高港区、姜堰区以及医药高新区。

在线学习

网络搜索：

为什么要成立地级泰州市？

●所辖区、市简介

海陵区　1996年，国务院批复同意撤销县级泰州市，设立地级泰州市，以原县级泰州市的行政区域改建为区，将"海陵"定为新建区区名。海陵为泰州市主城区，市政府驻地。现有总面积300平方千米，总人口50万。

海陵区中山塔

海陵有着2100多年的悠久历史，素有"汉唐古郡、淮海名区"之称。自古人文荟萃、名贤辈出，人文资源极为丰厚。唐代著名书法家张怀瓘、宋代教育家胡瑗、明代哲学家王艮、明清评话宗师柳敬亭、近代著名京剧艺术大师梅兰芳等，都是历代名贤的杰出代表。著名的景点有凤城河、泰山公园、安定书院、学政试院、城隍庙等。

 知识窗

泰山　"泰州无泰山，飞来奠兹土。凌云入青霄，秀色贯千古。乘风一登之，去天如尺五。忽闻弦诵声，仿佛过齐鲁。"这是明代人方岳歌颂泰州海陵泰山的诗句。

位于海陵城西的泰山，为南宋年间泰州军民用开挖东、西市河的土方垒成。泰山之巅曾建有一座楼，取杜甫诗"西岳云风起"之意，命名"起云楼"。

明朝时，为纪念曾任泰州知州，率领部队在泰州抗金的民族英雄岳飞，在泰山山巅建起了岳武穆祠。大殿建筑宏伟，殿中供有岳飞及部将的塑像。殿外西墙脚有秦桧（huì）及秦妻王氏的石刻跪像。于是人们又把泰山称为"岳墩"或"岳阜"。民间传说，当年岳飞在泰州抗金时，堆起这个土墩以瞭望敌情，后来城中粮食短缺，为蒙蔽敌人，岳飞命令士兵用锅巴覆于山上，任鸟雀啄食，金军见有群鸟从山上将锅巴啄飞城外，以为城内粮食充足，遂撤围而退。于是泰山又有"锅巴山"之称。

想一想

你知道泰山公园正门对联"具体而微名曰东岳 淡妆为胜小亦西湖"的含义吗?

泰山公园内岳武穆祠

姜堰区 姜堰又称三水、罗塘。古时,长江、淮河、黄海三水在姜堰汇聚,故称此地为三水。又因三水汇聚,冲击成塘,塘水多旋涡,形似人指罗(螺)纹,又名罗塘。北宋年间,洪水泛滥,姜仁惠、姜谔父子仗义疏财,率领民众筑堰抗洪,保护了一方百姓生命财产,古镇由此名为姜堰。

姜堰区现有总面积927平方千米,人口79万,物产丰富,土地肥沃,工业发达,经济繁荣。区内溱潼古镇是中国历史文化名镇,溱湖国家湿地公园是国家5A级旅游景区和世界知名的麋鹿栖息场所。"中国·姜堰溱潼会船节"更有"溱潼会船甲天下"的美誉。

想一想

为什么历史上姜堰地区易发生洪涝灾害?

筑堰抗洪的姜氏父子

高港区 高港区南濒长江,是泰州的南大门。现有总面积314平方千米,人口30万。区政府所在地口岸,古称"柴墟",早在五代南唐时就已建镇,北宋初口岸曾为泰兴县县治所在。口岸文昌水秀,人杰地灵,北宋潘氏"二世八进士"堪称千古传奇;千古名将岳飞曾在柴墟南壩桥大败金兵;明代名臣储罐,自号"柴墟",少时曾长期在口岸读书。

高港区境内名胜古迹有中国人民解放军海军诞生地纪念馆、古雕花楼、引江河风景区、泰州长江大桥等。

高港区工业发达，经济繁荣，设有省级高新技术产业园，有亿吨大港——泰州港，造船业规模大，民营企业扬子江药业全国闻名。

雕花楼景区·观澜阁

医药高新区　全称是泰州国家医药高新技术产业开发区，下辖经济开发区、周山河街区、高教园区、医药园区、数据产业园区及滨江工业园区等。现有总面积115平方千米，人口19万。目前，医药高新区正着力构建以生物技术与新医药产业为龙头、先进制造业为主体、现代服务业为支撑的现代产业体系，努力形成两个千亿级的产业集群（生物医药产业、光电产业），正在朝着"中国第一、世界有名"医药城的目标迈进。

泰州·中国医药城会展中心

兴化市　兴化古称昭阳，又名楚水。战国时曾为楚将昭阳食邑。公元920年建兴化县。兴化市总面积2393平方千米，人口157万。兴化自古文风昌盛，走出了不少大家。自南宋咸淳至清末光绪，兴化有262人中举，93人中进士，1人中状元。名人有大文学家施耐庵，扬州八怪代表人物郑板桥、李鱓(shàn)；有"东方黑格尔"之称的著名文艺理论家刘熙载及明代三任宰辅高谷、李春芳、吴甡(shēn)等。全市有文物古迹120多处，列为国家级、省级、市级的文物保护单位共有70多处。

兴化是产粮大市，水产强市，不锈钢产业闻名全国。兴化有鲜明的水乡特色文化，留传下来的非物质文化遗产非常丰富。茅山号子曾经唱进中南海，大营捏面人、竹泓船艺、麦草编织等民间艺术长盛不衰，荡湖船、高跷、莲湘、龙舞等传统文化节目不断推陈出新。"兴化垛田"入选第一批中国重要农业文化遗产；"千垛菜花"入选意大利2015米兰世博会中国馆展览项目。

在线学习

网络搜索：

目前，泰州所辖市都属"全国百强县"。请上网了解"全国百强县"的评选指标。

兴化海光楼

泰兴市 泰兴置县于南唐昇元元年（公元937年），县名是"随泰州兴起"之意，迄今已有一千多年历史。泰兴市总面积1172平方千米，人口120万。泰兴历史文化底蕴深厚，人文荟萃，名贤辈出，中国地质学之父丁文江、著名教育家吴贻芳、著名作家陆文夫、志愿军特级英雄杨根思等，都是泰兴名人的杰出代表。名扬中外的"黄桥决战"就发生在泰兴境内，光荣的革命传统激励着一代又一代泰兴儿女。泰兴素有教育之乡、银杏之乡、建筑之乡、提琴之乡、减速机之乡的美誉。

泰兴文庙鲲化池

改革开放和江苏沿江、沿海开发为泰兴的发展提供了新的机遇，泰兴确立了工业兴市、工业强市的"第一方略"，在巩固塑胶、医药、日化等特色产业链条的同时，不断做大做强新材料、节能环保、高端装备制造等新兴产业；大力发展高效规模农业、现代服务业，以及城建、交通、港口等重大基础设施建设，呈现出蓬勃发展的良好势头。

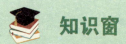

知识窗

银杏仙子的传说　很久很久以前，泰兴人民过着男耕女织的幸福生活。后来，出了个蝙蝠精，偷吃牛羊，传播疾病，人民深受其害。为给乡亲们治病，英雄金泰前往佛山寻找仙果，身染重病的他历经磨难，矢志不移，终于感动上苍，于是，观音菩萨派银杏仙子下凡救治百姓。银杏仙子以银杏果救活金泰和众乡亲，并与金泰合力打败蝙蝠精，之后，他们化作雌雄两株银杏树，根枝相连，永远造福子孙后代。

想一想

你还知道泰州地区其他有趣的传说吗？

靖江市　靖江又名马驮沙、马洲、骥江，南依长江，北枕苏中平原，总面积 665 平方千米，人口 68 万。靖江于明成化七年（1471 年）建县，至今已有 545 年的历史，是苏中新兴的港口工业城市，素有"苏北小江南"的美誉。靖江，交通发达，区位优势明显，是长江下游集公路、铁路、水运于一体的重要交通枢纽。近年来，靖江抢抓沿江开发和跨江联动这一历史机遇，加快工业化、城镇化和经济国际化进程，打造形成船舶、金属材料、粮食、木材、能源五大临江产业，是国家级船舶出口基地、火炬新技术船舶特色产业基地。

靖江人才辈出，诞生过著名实业家、民族工业骄子刘国钧，走出了 14 位共和国将军、7 位两院院士。靖江山水盆景独树一帜，享誉海内外，多次获得国内、国际大奖。魁星阁、四眼井、岳王庙、刘国钧故居等人文景观堪称靖江历史文化的瑰宝，孤山、百里江堤、长江大桥等处景色秀丽，风光旖旎。勤劳智慧的靖江人民，利用独特的资源优势，创造出了蟹黄汤包、双鱼牌肉脯等享誉海内外的美味佳肴，获得了中国"江鲜菜之乡""汤包之乡"和"河豚美食之乡"等称号。

靖江连续多年入选"全国综合实力百强县"，列苏中地区首位。

靖江明代钟楼

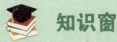

知识窗

靖江岳飞生祠 据说南宋皇帝赵构与宰相秦桧狼狈为奸，欲与金兵议和，把精忠报国的岳飞视为眼中钉，一日连发12道金牌，急召岳飞回京（杭州）。岳飞爱民如子，沿途带领难民一同南下，千里迢迢来到扬子江边的马驮沙时，见此处临江近海，宜粮宜桑，就对百姓说："这里将来定是鱼米之乡！我愿这里八百年无水灾，八百年无旱灾，八百年无兵灾。"从此，百姓们便在这里安家落户，繁衍生息，并建生祠纪念岳飞。

靖江岳飞生祠

想一想

在两宋之际，泰州是民族英雄岳飞抗金的重要战场。你还知道哪些岳飞在泰州抗金的故事？

章节 回顾

总 结

史前精灵
- 泰州大地上最早的主人
- 麋鹿的前世今生

历史遗存
- 泰州地区古人类生活遗址
- 蒋庄遗址
- 天目山商周古城

建制沿革
- 海阳、海陵、泰州的寓意
- 地级泰州市的建立
- 泰州中国医药城的设立
- 所辖区、市简介

自我检测

1. 辨别：麋鹿为什么被称为"四不像"？

2. 列举：泰州历代名称的变化。

3. 解释：遗址。

4. 描述：地级泰州市成立的过程。

5. 推断：泰州地区的人类文明史开始于什么时候？

6. 应用：向爸爸妈妈介绍你所知道的"泰州"。

第二节　英才辈出

是一座文化底蕴深厚，英雄先贤辈出的城市，在深厚的人文精神滋养下，泰州名人群星璀璨——哲学先哲独树一帜，儒学名家教化百姓，文坛名士杰作传世，工商巨子实业救国，科学家严谨求实，教育家学贯中西，艺术家享誉世界，人民英雄点燃星星之火，国际战士血洒朝鲜战场……

学习聚焦

你会学到什么？

- 古代名贤
- 现代名人
- 革命烈士

为什么这很重要？

家乡的先贤名流在不同的时代和领域留下非凡的成就，是我们努力学习的榜样。

1　古代名贤

●东吴大司马吕岱（161—256年）

吕岱，字定公，海陵人，三国时东吴名将。他原为东汉郡县官吏，后为吴国孙权所用。他南征北战、开疆拓土，勤于国事、一生廉洁，为东吴的安邦兴业立下了赫赫战功。

吕岱亭

吕岱有一位朋友叫徐原，"慷慨有才志"，经吕岱向朝廷推荐后官至侍御史。徐原为人忠厚耿直，常常毫不留情地批评吕岱的缺点。吕岱的部属对徐原不满，认为徐原太狂妄，并将此告诉了吕岱。可吕岱不仅不生气，反而感慨地说："这就是我器重徐原的原因啊！"后来徐原死了，吕岱失声痛哭，边哭边诉说："徐原啊！以后我从哪儿去听到诚恳的批评啊！" 吕岱这种虚怀若谷的品德，在当时传为美谈。

赤壁之战后，曹操下令沿江百姓内移，大量民众反而纷纷渡江南下，逃往吴国。海陵县成为人烟稀少的空旷之地。公元242年，82岁的吕岱奏请获准招抚乡民回归，重建海陵县，这是老将军为家乡做的一件"泽被桑梓"的大事。

● 书法评论家张怀瓘 (guàn)（生卒年不详）

张怀瓘，唐代海陵人，曾任鄂州司马、翰林院供奉、右率府兵曹参军。他既是书法家，擅长楷书、行书、草书，自夸书法"正、行可比虞（世南）、褚（遂良），草欲独步于数百年间"，可惜手迹不存；又是著名书论家，著有《书断》《书议》《书估》《评书药石论》等书。在中国书法史上，张怀瓘的书法理论影响深远。

唐·张怀瓘《书断》

张怀瓘的书法评论代表作是《书断》，其论述之深刻，资料之丰富，为同类书论著作所不可企及。《书断》分上、中、下3卷，上卷列古文、大篆、籀文等十体，叙述源流，并加赞文，对各种书体原委辩论精辟。中、下卷分神、妙、能三品，张怀瓘于此创造性地提出的"三品说"，也是他最有价值的观点；收录古来书家86人，各列小传，传中附录又收38人，征引繁博，逸闻颇多，是书学重要论著。

在线学习

网络搜索：＿＿＿＿＿＿＿

了解中国博大精深的书法艺术。

 知识窗

张怀瓘论用笔十法（节选）

偃仰向背：谓两字并为一字，须求点画上下偃仰离合之势。

阴阳相应：谓阴为内，阳为外，敛心为阴，展笔为阳，须左右相应。

鳞羽参差：谓点画编次无使齐平，如鳞羽参差（cēn cī）之状。

峰峦起伏：谓起笔蹙衄（nǜ），如峰峦之状，杀笔亦须存结。

真草偏枯：谓两字或三字，不得真草合成一字，谓之偏枯，须求映带，字势雄媚。

●理学家胡瑗（993—1059年）

胡瑗，字翼之，北宋泰州人。著名教育家、理学家。因其祖籍在陕西安定堡而世称"安定先生"。

胡瑗自幼聪颖好学，7岁善属文，13岁通五经，被左右乡邻视为奇才。胡瑗读书勤奋，好学上进，且志向远大，常以圣贤自任，但因家境衰微，早年并未受过良好教育。直至20多年后才得以与孙复、石介等人到山东泰山栖真观求学深造。此后10年不归，潜心研习圣贤经典。他为了不让心志受到干扰，每当拆开家书，见有"平安"二字即投入山涧不再展读。在此期间，他"食不甘味，宿不安枕"，刻苦钻研学问。

胡瑗像

知识窗

胡瑗与教育　胡瑗是宋代理学酝酿时期的重要人物，与孙复、石介并称宋初三先生。胡瑗毕生从事教育，先后在泰州、苏州、湖州和京师太学执教三十年左右，受教者不下数千人，对教育事业作出了很大贡献。宋神宗《御题胡安定先生》称赞胡瑗"敦尚本实，还隆古之淳风"。蔡襄的《太常博士致胡君墓志》云胡瑗"敦尚行实，后为太学，四方归之"。胡瑗被王安石誉为"天下豪杰魁"；被范仲淹尊为"孔孟衣钵，苏湖领袖"；苏东坡更曾写下过赞颂他的诗句"所以苏湖士，至今怀令古"。

●《水浒传》作者施耐庵（传 1296—1370 年）

施耐庵，名子安，字彦端，又字耐庵，元末明初泰州白驹场人。

据传，施耐庵为元末进士，曾任钱塘县官二年，后辞官，进入张士诚幕府。因张士诚不听忠言，施耐庵再次辞官，归隐白驹。在此后的人生中，他创作了文学史上不朽的杰作——《水浒传》。其故里兴化新垛镇施家桥村有他的墓园和纪念馆。

施耐庵不仅是中国的文学巨匠，也是世界文坛的名人；《水浒传》不仅是中国文学艺术的瑰宝，也是世界文学宝库中的精华。

施耐庵像

想一想

你能说出《水浒传》中的主要人物吗？

●泰州学派创始人王艮（gèn）（1483—1541 年）

王艮，字汝止，号心斋，泰州安丰场人。他师承明代哲学家王守仁，继承、发展和创新了王守仁的学说，是王学左派——泰州学派创始人。

王艮在哲学、伦理、社会政治以及教育文化等方面，都有丰富翔实的论述，构成了泰州学派的基本思想和基本特色。其中"百姓日用即道"的民本主义思想，是王艮思想的闪光点和泰州学派思想的主旨，具有鲜明的人民性，成为中国思想史上的光辉篇章。"泰州学派"是中国历史上第一个真正意义上的思想启蒙学派，反对束缚人性，引领了明朝后期的启蒙思潮。

王艮像

王艮学习的故事

王艮家境贫寒，只上过3年学，后跟随父兄在煮盐的亭子里干活。靠刻苦自学，王艮终于成为一名儒学大家，并形成了一种不重师教而重自得，不守章句、不泥传注而好信口谈解的平民学风。

王艮38岁那年，他从别人处了解到王守仁（王阳明）的思想，便去南昌找这位心学大师请教。结果，一番问对，王艮被王守仁的理论折服，只好拜师称徒。可回头一想，王守仁的思想中也有与己不合之处，便后悔了。第二天早上，见到王守仁，便直言拜其为师有些轻率之意。王守仁一听，高兴地说："你不轻易地相信别人，太好了。"两人便展开论战，直到王艮心悦诚服。王守仁事后对门人说："当初我手擒叛贼朱宸濠也没有今天激动呵！王艮疑就是疑，信就是信，一丝不苟，你们都不如他啊！"

王艮原来叫王银，据说王艮在拜王守仁为师时，王守仁认为他有些高傲，个性太强。为了使王银今后能谦虚谨慎，注意克制自己，就把他的名字"银"，改成了一个带有静止意思的"艮"字，从此就叫王艮。

明嘉靖元年（1522年），为了宣传王守仁的学说，40岁的王艮辞别了王守仁，自己设计并制造了一辆古怪的蒲轮车，由两个仆童推着，开始向京城进发，路经江苏、安徽、山东、河北四省，一路上讲学不辍，到达京城时轰动了整个京师。王守仁死后，王艮自立门户，开始独立授徒讲学。

王艮在接受王守仁学说的同时，注重"自得"之风，"往往驾师说之上，持论益高远"。在理论上，其禅宗佛学色彩更为明显，故而对封建传统思想的破坏作用也更大；反对笃信、谨守封建礼教，肯定人的情欲的合理性，反映了当时市民阶级要求个性解放的思想。

想一想

你知道"百姓日用即道"的含义吗？

宗臣像

● "后七子"之一宗臣（1525—1560年）

宗臣，字子相，自称方城山人，泰州兴化人。明嘉靖二十九年（1550）进士，授刑部主事，调任考功郎。后托病归兴化。两年后，由考功迁稽勋员外郎，后因为严嵩所恶，出为福建布政参议，迁福建提学副使，卒于官，年仅三十六岁。

宗臣中进士后，与李攀龙、王世贞、徐中行、梁有誉结成诗社，有"五子"之称。后又增谢榛、吴国伦，这就是明代文学史上著名的"后七子"。后七子在文学创作中存在着复古主义倾向。在这个群体中，宗臣是除王世贞以外最具才华的作家。

宗臣在文学创作方面的成绩以散文最为突出。《报刘一丈书》是散文史上的名篇，直抒胸臆、有感而作，形象而深刻地抨击了当时官场的不良风气。

《四库全书总目》评价说："至其《西门》《西征》诸记，指陈时弊，反复详明。盖臣官闽中时，御倭具有方略，故言之亲切如是。"

●评话宗师柳敬亭（1587—1670年？）

在公元17世纪的江南茶馆书场里，曾活跃着一位富有传奇色彩的说书艺人，他就是至今让泰州人感到骄傲的评话宗师柳敬亭。柳敬亭，原姓曹，名永昌，字葵宇，号逢春，泰州海陵曹家庄人。后改姓柳，以敬亭为名。

柳敬亭虚心好学，博采众长，不耻下问，不懈追求，把说书艺术推向了高峰，他的精湛技艺成为后世艺人揣摩领会的蓝本，柳敬亭也因此成为我国曲艺史上最早的、杰出的评话表演艺术家。从前艺人们收徒拜师，都要先拜柳敬亭的牌位，奉柳敬亭为说书艺人的祖师爷。柳敬亭外貌丑陋，面色黧黑，且满面疤痕，但当他把一种艺术发展到极致时，外表的"丑"便与之融为一体，成了一种艺术美的符号和象征，"麻子说书"从此广泛流传，家喻户晓。所谓"鼓板轻敲，便有风雷雨露；舌唇方动，已成史传春秋"，时人尊之为"书绝"。

柳敬亭像

参观中国评书评话博物馆，了解评书评话艺术

活动目的：了解柳敬亭等中国曲艺史上的大家，领略诸多当代著名评书评话艺术家的精彩表演。

活动步骤：

1. 参观中国评书评话博物馆，观看和聆听评书评话艺术家表演的音像资料。

2. 查阅资料，了解柳敬亭的生平和艺术成就。

3. 成立评书评话兴趣小组，弘扬评书评话艺术。

●围棋国手黄龙士（1651—?）

黄龙士，名虬，又名霞，字月天，号龙士，姜堰人，清代围棋国手。

黄龙士自幼聪颖，尤其对于围棋更是天资过人，少年时就以围棋水平高超饮誉江淮。长大后，他更是纵横棋坛，出神入化，睥睨天下，执棋坛牛耳。

黄龙士留下的十局名局"血泪篇"，堪称中国古谱的最高峰。代表作有《黄龙士全图》《弈括》等，被尊为"棋圣"。

黄龙士塑像

 知识窗

血泪篇 浙江钱塘人徐星友曾师从黄龙士学棋。徐星友专心致志，刻苦用功，棋艺进步很快。当他达到和黄龙士相差二子的程度时，黄龙士仍以三子相让，与徐星友下了十局棋。黄龙士因为多让了一子，又与徐星友旗鼓相当，想要轻易拿下已相当困难。二人用尽心力，斗智拼巧，呕心沥血，鬼惊神泣，这十局棋下得异常激烈，当时就被人们称为"血泪篇"。之后，徐星友棋艺猛进，终于达到了与先生齐名的水平。

泰州围棋文化十分浓厚，学习下棋蔚然成风。六大围棋国手曾以"车轮大战"的形式与51名泰州业余围棋棋手"过招"。

你会下围棋吗？你觉得围棋的奥妙在哪里？

●三绝怪才郑板桥（1693—1765年）

郑板桥塑像

郑板桥，名燮，字克柔，泰州兴化人。康熙秀才、雍正举人、乾隆元年进士，"扬州八怪"之一。扬州有一位文士曾经送给郑板桥一副对联，写的是："三绝诗书画，一官归去来。"在他的诗、书、画里，蕴藏着他卓尔不群的高尚而自由的灵魂，书写着流芳百代的绝代风流。

板桥所画，多为兰、竹，取法自然，但绝不是简单的再现，而是追求一种写真与写意的统一，体现了他的精神追求。

板桥的书法经历了一个不断融合创新的发展过程，最终形成了足可横绝古今的"六分半书"——板桥体。概括起来，有以下特点：以楷、隶为主，糅合楷、草、隶、篆各体，并用作画的方法来写，融入兰竹笔意，其用笔方法变化多样，撇捺或带隶书的波磔（zhé），或如兰叶飘逸，或似竹叶挺劲，横竖点画或楷或隶、或草或竹，挥洒自然而不失法度；结体扁形，又多夸张；章法别致，疏密相间，正斜相揖，错落有致，主次有别，浓淡并用，如"乱石铺街"。

郑板桥《衙斋听竹图》

郑板桥书联
"删繁就简三秋树，
领新标异二月花。"

板桥诗歌，传承的是自《诗经》以来的现实主义传统，取道性情，有感而发，朴素平实，言之有物，清新流畅，意境深远，理解和同情劳动人民。"咬定青山不放松，立根原在破岩中。千磨万击还坚劲，任尔东西南北风。"（《竹石》）这样的本性最适合表现板桥那种正直无私、不为俗屈的凌云豪气。

● 雕塑名家吴广裕 （生卒年不详）

吴广裕，泰州人。清代塑像工艺家，大约生活于乾隆年间，以泥塑佛像著称于世，后入内廷供职。

他在泰州塑造的泥像有数处：一处是净因寺的十八罗汉，另有南门关帝庙的二马、二夫，南门板桥土地庙中的二鬼、二差、二判官，光孝寺戒坛的二十四诸天像，泰山岳庙的岳飞及岳云像等，都是彩塑，形如常人，活脱自然，超凡脱俗。可惜均不存世。

知识窗

泰州净因寺的罗汉塑像 净因寺，位于海陵南路海陵大桥西侧。寺初建于五代宋初，清朝雍正皇帝曾御书赐寺匾额"净因"。

净因寺的罗汉塑像，被誉为镇寺之宝。罗汉泥塑粉面彩身，有的衣着端庄整齐，有的衣衫散漫不整，有的作呵欠状，有的作掏耳状，有的作搔痒状……造型千姿百态，有浓厚的禅修风格，表露了修行不离日常生活的意趣。

在线学习

网络搜索：

了解佛教中十八罗汉的故事。

刘熙载像

● "东方黑格尔"刘熙载 （1813—1881 年）

刘熙载，字伯简，号融斋，晚号寤（wù）崖子，泰州兴化人，清代著名文艺理论家和语言学家。道光年间进士，官至广东学政，后曾在上海龙门书院主讲长达 14 年。

《艺概》一书，是刘熙载谈文说艺的精华荟萃，是一部古典美学的经典之作，它的广博和精深为后代学者所推崇。刘熙载获有"东方黑格尔"的称号。

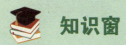

知识窗

　　《艺概》《艺概》是中国近代文学史上的一部优秀的理论著作，成书于1873年，分为文概、诗概、赋概、词曲概、书概、经义概六卷，分别论述文、诗、赋、词曲、书法和八股文等的体制流变、性质特征、表现技巧，以及评论历代重要作家作品等。"概"的含义是，言其概要，使人明其指要，触类旁通。这是刘熙载谈艺的宗旨和方法，也是《艺概》的特色所在。

网络搜索：

　　泰州历史上还有哪些名人？范仲淹、岳飞、孔尚任、林则徐等历史名人，与泰州又有什么关系？

探寻家乡的先贤

活动目的：了解家乡先贤，学习家乡先贤。

活动步骤：

　　1. 通过查阅资料，请教长辈，了解家乡历史上有哪些先贤，确定一位自己最感兴趣，同时能够探寻到故居、遗迹的先贤，作为此次活动的主要认识对象。

　　2. 组成探寻小组，采用查阅资料、走访故居遗迹等方式了解，以PPT、网页、手抄报等方式汇聚探寻成果。

　　3. 向家乡先贤学习，为建设好自己的家乡而努力奋斗！

活动提醒：

　　1. 对先贤的了解要在全方位的基础上突出其成就。

　　2. 参访故居、遗迹的过程中要注意保护文物。

　　3. 应大胆地写出自己对家乡先贤故事的见解，组织小组讨论，亮出自己的观点。

2 现代名人

● 爱国实业家刘国钧（1887—1978年）

刘国钧

刘国钧又名金彝，出生于泰州靖江。他坚持实业救国，努力创办纺织企业，终于成为现代中国纺织工业的翘楚。

1950年春，他毅然从香港返回祖国内地。他感慨地对夫人说："离开了祖国，再大的事业又有什么价值？"除了从事经济工作外，他还积极参与国家的政治生活，曾当选第一至五届全国人大代表，1976年当选全国政协委员，历任全国工商联副主任委员、民建中央常委，江苏省副省长、省政协副主席、工商联江苏省主任委员等职。他一生生活简朴，乐善好施，热心公益事业。

想一想

你知道什么是"实业救国"吗？

● 地质学家丁文江（1887—1936年）

丁文江，字在君，泰兴黄桥镇人，地质学家、社会活动家。1902年秋，东渡日本留学；1906年秋在剑桥大学学习；1907—1911年在英国格拉斯哥大学攻读动物学及地质学，获双学士学位；1911年回国。作为中国地质学的开山祖师，丁文江不仅建造了中国地质学的基础，还明确了它健康发展的路径。他成功创办了中国最早的专门地质教育机构——地质研究所，创办了中国最早的地质调查机构（也是中国最早的科学研究机关）——地质调查所，他还在该所确立了绵延至今的研究精神。丁文江一生中曾多次成年累月地在野外奔波劳碌，搜罗第一手材料，著书立说。他早年带领学生实地考察时，就力倡"登山必到峰顶，移动必须步行"，"近路不走走远路，平路不走走山路"之准则，为中国地质学者树立了实地调查采集的工作典范。在丁文江的领导下，中国地质学成绩卓著，早在20世纪初就获得了世界声誉。

1936年，正值盛年的丁文江在湖南勘探煤矿期间，因煤气中毒于长沙去世。

丁文江是现代中国最优秀的科学家之一，是"五四"一代中的佼佼者。他是现代中国地质学之父，有出色的专业知识，又有非凡的行政能力。在同辈人之中，科学研究、行政事务和下海经商，样样都拿得起来的，似乎仅此一人。丁文江去世后，蔡元培说："在君先生是一位有办事才能的科学家，普通科学家未必长于办事，普通能办事的又未必精于科学；精于科学而又长于办事，如在君先生，实为我国现代稀有的人物。"

丁文江

 想一想

我们可以从丁文江先生"为科学而献身"的精神中学到什么？

🎓 知识窗

丁文江先生史料陈列馆　2007 年 10 月 26 日，为纪念丁文江诞辰 120 周年，泰兴市人民政府将丁文江老家住宅黄桥镇丁家花园改扩建成丁文江先生史料陈列馆，并在纪念大会当日揭幕，对外开放。馆内陈列了丁文江的生平事迹介绍，同代与后代学人、媒体对他的研究、报道，以及各类珍品样本。我国地质学界 9 名院士的题字也在陈列馆中。

● 京剧大师梅兰芳（1894—1961 年）

梅兰芳，名澜，又名鹤鸣，字畹华。祖籍泰州。著名京剧艺术大师。与程砚秋、尚小云、荀慧生并称"四大名旦"，并被誉为"四大名旦之首"。他一生致力于京剧改革，创造了融青衣、花旦、刀马旦为一体的表演形式和醇厚流丽的唱腔，形成了独具风格的"梅派"，使京剧旦角表演艺术达到很高境界。同时，他致力于把京剧艺术推向世界，为京剧艺术走向世界作出了重要贡献，是驰名中外、举世公认的世界文化名人之一。

青年梅兰芳

中国京剧自 1790 年起，已有 200 多年的历史，它不但拥有 1300 多个传统剧目，而且涌现出众多的剧作家和表演艺术家。梅兰芳先生就是其中最杰出的一位，在他拥有的 400 多个剧目中，既继承了传统的京剧艺术，又在内容和形式上创造性地发展了中国京剧，堪称中国京剧史上承上启下的里程碑。他所创造的"梅派艺术"，从剧目的选择、内容的创新、唱腔的改革，到服饰的设计、舞蹈的运用，都独具特色，在国内外享有最高声誉。中国作家协会副主席冯牧曾盛赞梅兰芳是中国戏剧史上的一座丰碑。他的艺术理论与苏联斯坦尼斯拉夫斯基体系、德国布莱希特的戏剧理论，并称为世界三大表演艺术体系。周恩来总理曾说，梅兰芳是"属于全世界的艺术家"。

梅兰芳演出的经典剧目有：《贵妃醉酒》《霸王别姬》《宇宙锋》《洛神》等。梅兰芳也是一位伟大的爱国主义者，抗战期间他蓄须明志，拒绝为日本人演出。

梅兰芳塑像

梅兰芳回泰州祭祖

梅兰芳对故乡泰州怀有深厚的感情。1956 年，梅兰芳带着家人回乡祭祖，并在泰州献演了梅派名剧《贵妃醉酒》《凤还巢》等。泰州全城为之沸腾。

为继承和弘扬梅兰芳先生的精湛技艺和崇高品德，泰州市兴建了梅兰芳纪念馆、梅兰芳公园、梅兰芳大剧院，成立了梅兰芳研究会，创办了梅兰芳京剧培训基地。泰州市人民政府与江苏省文化厅、文化部艺术司先后联合举办了多届中国泰州梅兰芳艺术节，在全国产生了较大影响，大大提升了梅兰芳文化品牌的凝聚力和影响力。

大师已逝，精神永存。2014年10月28日，泰州隆重举行了纪念梅兰芳先生诞辰120周年大会。

在线学习

网络搜索：

了解梅兰芳艺术节。

开心 活动

学习梅兰芳主题班会

活动目的：了解梅兰芳，学习梅兰芳。

活动步骤：

1. 观看电影《梅兰芳》。

2. 参观梅园。

3. 写心得体会。

4. 召开主题班会。

● "东方的莫里哀" 丁西林（1893—1974年）

丁西林，原名丁燮林，字巽甫，泰州泰兴人。1893年9月生于黄桥。 1914年夏赴英，1917年获理科学士学位，同年赴德国、法国学习语言，随后又到英国伦敦大学做物理研究工作，1919年获伯明翰大学理科硕士学位。1920年，丁西林应北京大学校长蔡元培延聘回国，任物理系教授。新中国成立后，丁西林任文化部副部长。此后历任对外文委副主任、对外友协副会长等职，同时担任中国科学技术协会副主席、文学改革委员会副主任、剧作家协会常务理事、中印友协会长、中非友协会长等职。他还是全国第一、二、三届政协委员和人大代表。

1923 年，丁西林发表了独幕话剧《一只马蜂》。1939 年，创作了独幕话剧《三块钱国币》。1940 年春，为纪念蔡元培，他写了四幕喜剧《妙峰山》。

丁西林是中国现代话剧史上一位有独特风格的喜剧作家，在独幕剧的创作方面成就尤为突出，被誉为"独幕剧圣手""喜剧大师""东方的莫里哀"。他的作品虽然不多，但长期以来受到国内外读者和观众的喜爱。

丁西林

●书法名家高二适（1903—1977 年）

高二适，原名锡璜，后改名二适，号舒凫道人，泰州姜堰区兴泰镇小甸址人，当代著名书法家、学者、诗人。

高二适塑像

他尤擅草书，作品以章草为体势，糅合大草、今草的笔意，熔章草、今草、狂草于一炉，所作师古而不"泥"古，攻"章"而不囿于"章"，形成"开章亦今亦狂"的独特面貌，笔力清劲秀拔，结体多变，流走自然，格调不凡。1974 年，已过古稀之年的高二适在自己的诗作《湖州鹿毫笔歌》中有云："我兹泼墨满江南，章令草狂凫所谙。"写出了一代草圣傲岸不羁、狂放自负的浪漫情怀。"二适"取"适吾所适"之意，"舒凫"就是要像翱翔于云天的一只飞鸟似的自在舒展，他追求的是一种闲适自由的恬淡人生。著有《新定急就章及考证》《高二适书法选集》等。

1965 年在毛泽东主席的支持下，高二适就《兰亭序》的真伪与郭沫若先生展开学术争鸣，声震士林，影响深远。高二适纪念馆坐落在姜堰区古田路 1 号。

想一想

你知道什么是"草书"书法艺术吗？

高二适兰亭论辩信札

●原党和国家领导人胡锦涛

中国共产党中央委员会

江苏省泰州中学、泰州市第二中学:

值此江苏省泰州中学、泰州市第二中学建校百年之际,谨向两校全体师生员工和广大校友表示衷心的祝贺和亲切的问候!

百年来,特别是新中国成立以来,两校坚持以教书育人、传承文明为己任,经过一代又一代教职员工的辛勤耕耘,培养了大批优秀人才,取得了丰硕的成果。

希望你们在邓小平理论和"三个代表"重要思想指引下,认真学习贯彻十六大精神,始终遵循党的教育方针,发扬优良传统,坚持与时俱进,进一步提高教育质量,努力培养更多的德智体美全面发展的社会主义事业建设者和接班人,为实现中华民族伟大复兴作出新的贡献。

胡锦涛

2002 年 12 月 21 日

胡锦涛给母校的贺信

胡锦涛,1942 年生于泰州,5 岁时进入五巷小学读书,后来转学到泰州大浦小学。1953 年小学毕业,进入私立泰州中学(现泰州二中)。1956 年初中毕业,考取了江苏省泰州中学。1959 年,高中毕业,考入清华大学。1964 年 4 月加入中国共产党,1965 年 7 月参加工作。 2002 年 11 月 15 日,在党的十六大上胡锦涛当选为新一届中共中央总书记,任职 10 年。党的十六大以来,面对前所未有的机遇和挑战,面对复杂的国内外形势,以胡锦涛同志为总书记的党中央,以毛泽东思想、邓小平理论和"三个代表"重要思想为指导,深入贯彻落实科学发展观,团结带领全党全国各族人民齐心协力,锐意进取,中国特色社会主义事业展现出勃勃生机。10 年间,中国在全面建设小康社会新征程上扬帆远航,改革发展稳定、治党治国治军、内政外交国防,各项工作持续取得新进展,国力、财力、国际影响力显著提高。

2012 年 12 月,时任国家主席胡锦涛轻车简从,回到阔别 34 年的家乡。在泰州期间,胡主席登上望海楼,俯瞰泰州城,察看城河水,重回稻河头,走进科学发展展示馆,与家乡人民叙乡情、话发展。胡主席考察了扬子江药业集团,考察了中国医药城。他对家乡取得的成绩感到由衷的高兴。他说,我相信,在大家的共同努力下,我们在生物医药研发领域必定会取得更大的成绩。国家主席胡锦涛来到阔别 53 年的母校——泰州中学参观考察,并亲手栽下一棵银杏树,为千年书院再添新绿。

胡主席和蔼可亲地与同学们交谈。他语重心长地对大家说："同学们，来到了母校，我非常高兴，特别是看到了同学们朝气蓬勃、充满活力，我感到十分欣慰。中学时期对一个人的成长是很重要的，对人的一生都会有深远的影响。希望同学们要珍惜现在这种良好学习环境，要打好知识基础，要培育优良品德，要锻炼强健的体魄，要做到全面发展，将来在国家建设的伟大实践中就能够创造出优秀的业绩。我相信，长江后浪推前浪，一代更比一代强！"

2016 年 3 月，胡锦涛再次回泰州视察。

●海外侨领单声

单声

单声，1929 年出生在上海，祖籍江苏泰州，著名爱国侨领、全英华人华侨中国统一促进会总会长。单声非常关心家乡泰州的发展，2008 年，捐赠 100 万元在泰州成立"单声教育奖学基金会"。2011 年，单声先生将他在海外收藏的 322 件珍贵文物捐赠给家乡泰州。单声珍藏文物馆现已成为泰州的一张名片。

单声先生非常关心海峡两岸的统一。他尽自己所能，做了大量工作。凡有关两岸统一的国际会议和交流，他都是最积极的组织者和参与者。他说："人到晚年，最大的希望就是能看到海峡两岸统一的那一天。"

 知识窗

单声与《反分裂国家法》 2004 年 5 月 9 日，访问英国的温家宝总理与英国教育、科技界知名人士和旅英学者、专家座谈时，身为法学博士的"全英华人华侨中国统一促进会"会长单声先生当面向温总理提出：在目前"台独"势力猖獗的情况下，我们建议国家尽快制定"统一法"。温总理当场表态，对单声会长的这一建议会认真考虑。单声会长"立法促统"的建议，推动了《反分裂国家法》的制定。

参观单声珍藏文物馆

活动目的：了解学习华侨华人炽热的爱国情怀。

活动步骤：

1.利用课余时间，参观单声珍藏文物馆。

2.班级或小组交流参观感受。

3.可写一篇心得体会。

活动提醒：

必须由学校组织参观，不得私自行动，确保安全。

3 革命烈士

●革命先烈沈毅（1900—1928年）

沈毅塑像

沈毅，原名沈鸿钧，泰州人。沈毅是泰州地区第一位中共党员、第一位支部书记、第一位县委书记。

1926年，沈毅在泰兴刁家网建立了中共江浙区泰兴独立支部，1927年年底任中共泰兴县委书记，领导人民开展革命活动，群众中普遍传颂着"要找共产党，就到刁家网"的佳话。他参与领导和指挥的如泰地区农民武装暴动，如火如荼，虽然后来失败了，但这场革命风暴，在广大人民群众中留下了极深的影响，为以后如泰工农红14军的建立、发展以及抗战时期我党开创以黄桥为中心的抗日民主根据地都打下了坚实的群众基础。

1928 年 6 月，沈毅在泰州里下河花家舍被捕。国民党许以高官厚禄，妄图加以收买。沈毅严词拒绝。6 月 28 日，沈毅在泰州大校场英勇就义。面对死亡，他大义凛然，视死如归，沿途高唱《国际歌》，并向送行的人群道别。在"共产党万岁"的壮烈口号声中，刽子手的枪声响了，泰州地区早期优秀党的领导干部、农民运动的领袖沈毅用鲜血和生命谱写了一曲惊天动地的正气歌。

●特级英雄杨根思（1922—1950 年）

杨根思，泰兴羊货郎店人。1944 年参加新四军，1945 年加入中国共产党。在抗日战争、解放战争中屡建战功，荣获爆破大王、战斗模范、一级人民英雄、三级人民英雄等光荣称号。

1950 年，杨根思参加中国人民志愿军，赴朝参战。在长津湖战役中，杨根思亲自率领一个排坚守东南屏障小高岭，接连打退美军王牌陆战第一师的八次进攻。当阵地上只剩下杨根思一个人时，敌人发起第九次进攻，杨根思奋不顾身抱起炸药包冲入敌群，与敌人同归于尽，为夺取整个战役的胜利赢得了时间。

1952 年，中国人民志愿军总部追记杨根思特等功，授予"特级英雄"称号。1953 年，朝鲜民主主义人民共和国授予杨根思"朝鲜民主主义人民共和国英雄"称号，同时授予金星奖章和一级国旗勋章。

中国人民志愿军司令员彭德怀题词赞誉他是"中国人民的优秀儿子，国际主义的伟大战士，志愿军的模范指挥员"。

泰州人民为了纪念杨根思，以他的名字命名根思乡、根思中学，兴建了杨根思烈士陵园。2009 年，他被评为 100 位新中国成立以来感动中国的人物之一。

杨根思烈士陵园

想一想

以杨根思为代表的中国人民志愿军为什么被人们誉为"最可爱的人"？

●最美教师杨向明（1972—2013 年）

杨向明，泰兴人，原泰州实验学校的骨干教师、优秀共产党员。他从教 20 多年来，以满腔热忱做好本职工作，关心每一名学生的成长与进步，把每一份光和热献给了他所忠诚的教育事业，曾荣获"泰州市优秀教育工作者"光荣称号。2013 年 5 月，因勇救落水儿童而献出了自己年轻的生命。

面对危险降临、生死考验之际，杨向明老师挺身而出，义无反顾，为了挽救一个素不相识的孩子，献出了自己年轻而宝贵的生命。他的身上闪耀着当代人民教师的人格光辉，标记出泰州这座大爱之城的精神高度，充分展示了中华民族的传统美德。

想一想

杨向明老师给我们这个社会留下怎样的精神财富？

杨向明

开心 活动

追寻烈士的足迹

活动目的：革命烈士是中华民族的脊梁，烈士的事迹时时让这个社会充满正能量！让我们重走英雄之路，继承先烈遗志，磨炼坚定意志！

活动步骤：

1. 参观革命历史纪念馆，了解家乡的革命烈士。

2. 小组分工，组成"励志远征"团队，依据路线和地点，绘制远足探寻路线图，设立专门的活动网页。

3. 追寻烈士的足迹，了解他们的壮举。

4. 更新活动主页，推送最新活动足迹，放大社会正能量。

活动提醒：

1. 组织活动要以安全为要，外出远足要得到父母的允许和支持。

2. 参观遗迹和纪念馆要爱护文物，并结合实际，开展丰富多彩的实践活动。

总 结

古代名贤

- 东吴大司马 吕岱
- 书法评论家 张怀瓘
- 北宋教育家 胡瑗
- 《水浒传》作者 施耐庵
- 泰州学派创始人 王艮
- "后七子"之一 宗臣
- 评话宗师 柳敬亭
- 围棋圣手 黄龙士
- 三绝怪才 郑板桥
- 雕塑大师 吴广裕
- "东方黑格尔" 刘熙载

现代名人

- 爱国实业家 刘国钧
- 地质学家 丁文江
- 京剧大师 梅兰芳
- "东方莫里哀" 丁西林
- 书法名家 高二适
- 原党和国家领导人 胡锦涛
- 海外侨领 单声

革命烈士

- 革命先烈 沈毅
- 特级英雄 杨根思
- 最美教师 杨向明

自我检测

1. 辨别：王艮"百姓日用即道"哲学思想的先进性和局限性。

2. 列举：泰州历代著名的书画家。

3. 解释：书法艺术。

4. 描述：杨根思烈士的英勇事迹。

5. 推断：梅兰芳"蓄须明志"，说明抗战期间，文艺界的名人都有一颗爱国抗日的心。

6. 应用：向爸爸妈妈介绍你知道的"泰州籍和曾在泰州建功立业的贤达名人"。

第三节　特色文化

历史是城市的根，文化是城市的魂。家乡泰州独特的地理位置和深厚的文化积淀，形成了以三水文化、盐税文化、宗教文化等为主要特征的地域文化。如今，作为国家级历史文化名城的泰州，正不断加大城市文化建设力度，努力提升和彰显形神兼备的独特城市文化。

学习聚焦

你会学到什么？

● 三水文化
● 盐税文化
● 宗教文化

为什么这很重要？

　　文化是文明的载体，是一个地区的灵魂。以后不管我们走到哪里，只要你听到了亲切的家乡话，回忆起望海楼的雄伟、凤城河的澄碧、银杏树的葱绿、水上森林的恬静、油菜花海的清香以及安定书院周围琅琅的读书声……你就会意识到是家乡的文化将我们的心与故乡紧紧相连！

1　三水文化

　　泰州地处长江之尾、淮河之畔、黄海之滨，江、淮、海三水在这里汇聚交融。

　　自古以来，泰州大地就是一片水的世界。泰州先民们临水而居。水造就了泰州两千多年的辉煌，养育了一代又一代泰州人民，滋润了泰州悠久灿烂的历史文化。

三水湾

泰州的三水文化，集中表现为四种形态：水城文化、水乡文化、湿地文化和滨江文化。

●水城文化

泰州自古以来就是一座水城。泰州人生活在水的世界里，用勤劳双手与聪明才智在城区开河、建坝、理水……在现代版图上，古运盐河、卤汀河、泰东河、济川河，以及新通扬运河等五条苏中与苏北的骨干河流，或者经过泰州，或者从泰州出发，或者最终到达泰州城区，它们纵横交错，互通互融。形成至今基本完好的泰州护城河，绕城一周的东市河、西市河、中市河与玉带河"十"字相交，组成了一个"田"字形内城水系。将城外护城河与城内市河相结合，就构成了城在水中、水在城中、"双水绕城"的泰州水城格局。

观凤桥

近年来，泰州人又依据水城优势，重点打造了凤城河风景区。复建了文会堂、望海楼等建筑，建造了彰显泰州古韵的百凤桥、观凤桥等，使凤城河成为一条流淌着泰州千年文化的景观河。

大家都知道千古传诵的名篇——《岳阳楼记》，但也许你不知道，作者范仲淹和重修岳阳楼的滕子京最早是在泰州结缘的。

北宋天圣元年（1023年），范仲淹和滕子京同在泰州为官，志趣相近，引为好友。滕子京为人洒脱，好文雅之事，于是就取"以文会友"之意，在州署建了文会堂，一时群贤毕至，风雅之事美名远扬。范仲淹还特地为此赋诗《书海陵滕从事文会堂》，在诗中范仲淹提出了"君子不独乐"这一观点。后滕子京谪守巴陵郡并且重修岳阳楼时，范仲淹应邀写的《岳阳楼记》中，有"先天下之忧而忧，后天下之乐而乐"这样的千古名句，与前诗观点有异曲同工之妙。由此可以看出，范仲淹一生"先忧后乐"的观点，在泰州时已见雏形。文会堂也是国内一个重要的研究范仲淹的基地。

范仲淹塑像与文会堂

知识窗

"穿城不足三里远，绕廓居然一水通。"

——清·赵瑜《竹枝词》

译文：穿过泰州城不足三里，围绕城廓居然一水相通。

（竹枝词是反映地方文化的民间歌谣。）

在线学习

网络搜索：

了解泰州城区内古桥的名称及传说。

望海楼，始建于宋，当时叫作海阳楼，明代称望海楼，清代又更名为靖海楼、鸣凤楼。在历史上经历了四兴四废，大多都是毁于兵火，起于盛世。现今的望海楼为公元2006年重修。

重修后的望海楼建在古城的东南角上，采用重檐歇山顶，上盖黑褐色琉璃瓦，外观是典型的宋式彩绘，主要色彩取红、黄、白三种色系，显得古朴、典雅、大气。我们可以看到二楼正中由中国书法家协会原主席沈鹏所书匾额——"望海楼"三个大字，而三楼"江淮第一楼"则由国学大师文怀沙所题写。整个望海楼楼高31米，从底座层到顶部可分为四层，内部总面积为2126.5平方米。《重修望海楼记》是由范仲淹的第28代孙范敬宜所写。

也许有人会有疑问，泰州地区现在根本看不到海，为什么会叫望海楼呢？这是源于泰州人对大海的怀念。相传七八千年前，泰州地域还是一片大海，但随着年代的推移，渐渐地由海洋变成了浅海、沼泽、湖泊及陆地，最后形成了三百里的江淮肥沃平原，所以泰州扎根在大海的冲积平原上，大海是孕育泰州的母亲。称望海楼，也是泰州人对远去大海母亲的怀念，更是对大海母恩的追思和回报。

望海楼

●水乡文化

从泰州城区往北就是里下河地区，其间包括海陵区、姜堰区的部分乡镇和整个兴化市。里下河地区水网密布，沟渠纵横，一派水乡泽国的景象。

水乡泽国孕育了泰州独特的水乡风貌和人文景观。仅兴化市就已形成乌巾荡风景区、李中水上森林公园、万亩荷花、千岛菜花以及大纵湖、得胜湖风景区等水乡风情的旅游景区。

兴化大纵湖

"莫道江南花似锦，溱潼水国胜江南。"

姜堰区的溱潼古镇四周环水，禽鸟成群；镇内小桥流水，街巷悠悠。远远望去，溱潼古镇如同漾在水上的一幅水墨山水画，洋溢着浓浓的水乡韵味。

古镇绿树禅院内有一棵千年古槐，相传是董永与七仙女初会之处，镇东的董永墓、镇南的鹊仙桥，使这段佳话更为完美，树下系扣的一排排红绸是今天的青年男女永结同心的"幸福金锁"。

更令人惊奇的是田家巷内有棵巍然屹立的古山茶，与云南丽江、台湾阳明山两处的山茶结为"姐妹花"和"团圆树"，堪称山茶树中三朵奇葩，而溱潼古镇的古山茶又被誉为"神州第一茶花王"。

在线学习

网络搜索：

找一找七仙女与董永的故事。

"水从房前过，出门就坐船。"水乡人的衣食住行都离不开水，离不开船，船成为水乡人出行的工具，居住、交易的场所，船也成为水乡人逗乐、寻乐、取乐的重要载体。

每年清明节前后，溱湖千船云集，号子震天，水花翻飞，欢声笑语飘向远方。成千上万的群众和来宾会聚于此，共赏一年一度的溱潼会船节盛况。

据资料记载，溱潼会船已有800多年的历史，集中反映了里下河地区稻作文化区域的典型民俗风情。如今，溱潼会船已被列入中国十大民俗活动。

溱潼会船节

●湿地文化

历史上，不断东移的大海给泰州大地留下了丰富的湿地资源，作为国家5A级风景区，姜堰溱湖国家湿地公园就是其中的典型代表。湛蓝的湖泊、交织的河网和星罗棋布的洲滩岛屿，以及特有的湿地生态环境和里下河水乡民俗文化，是其独有的景观特色。以"水、湿地、生态"为内涵，溱湖孕育了其湖幽水静、林奇兽异、民风浓郁的自然风光，素有"江淮蕴奇秀，胜境看溱湖"的美誉。

网络搜索：

上网观看由中央电视台播出的，抗日战争时期发生在溱潼地区的"水上僧抗队"的故事视频。

湿地在人类的生存环境中起着什么作用？

●滨江文化

目前，泰州境内有近百公里的长江岸线。由西往东，分布着被誉为"中国莱茵河"的泰州引江河国家水利风景区、泰州港、百里江堤、江心洲等资源，凸显了深厚的滨江文化底蕴，是江苏沿江旅游带的重要区域。

在长江护岸堤旁，春天桃红柳绿，夏天青翠欲滴，秋天硕果满枝，冬天芦花飞舞。来到这里，还可品尝美味的"长江三鲜"（刀鱼、鲥鱼、河豚）。

想一想

与其他地方一样，长江泰州段每年都有禁渔期。你觉得这样做的好处是什么？

开心 活动

绘制"三水"通泰地图

活动目的： 绘制一份集地理、生态、文化于一体的"三水"通泰图。

活动步骤：

1. 划分三个小组，分别负责淮河、长江、黄海通泰水文资料的搜集与绘制。

2. 小组内明确分工，发挥特长，搜集详细资料，绘制最全面、最翔实、最实用的"三水"通泰地图。

3. 汇总绘制，形成一份全新角度的泰州地区功能地图。

活动提醒：

1. 同学们可参观泰州市博物馆、泰州市规划馆，充分了解泰州历史、地理的变迁。

2. 可在"三水"通泰路线图上将文化景点绘制上去，展现文脉。

2 盐税文化

　　自古以来，黄海、淮河和长江馈赠给泰州两大宝物：海盐和红粟。黄海之水产盐，江淮之水育粮。丰富的盐、粮资源，使得泰州物产丰饶，适宜人居。

　　在唐代，泰州就已是全国最大的海盐生产基地，海陵监"岁煮盐六十万石"，居全国十大盐监之首。到了宋代，当时泰州曾创下惊人纪录：一年内一仓销盐一亿二千万斤，居全国之首。南宋绍兴末年，泰州盐税比唐朝时全国盐税总数还要多。

　　北宋吕夷简、晏殊、范仲淹、韩琦、富弼五任宰相都曾在泰州为官知政，大兴盐业。目前泰州凤城河风景区栽了一棵"五相树"，一棵树有五个挺拔的枝干，就是人们为了纪念这五位宰相而栽的。

　　盐业的繁荣提升了人们的商品经济意识，促进了泰州工商贸易的兴旺发达。里下河水网通过稻河与草河伸入市区，形成繁华的稻河街区。明清时期，江南、皖南、扬州一带居民及大批文人学者都纷纷迁至泰州定居，使泰州成为盛极一时的区域性政治、文化和商业中心。

泰州"五相树"

古泰坝掣盐雕塑

泰州税碑亭

古税务街

73

如今，泰州街头盐税文化的遗存如文会清风、盐税亭、古税务街、古泰坝雕塑等景点，就是其盐税文化繁盛的历史印证。

知识窗

稻河古街区 这里是泰州最重要的历史文化街区，这里有独特的地理位置，江水和淮水交汇其间；有独特的街巷肌理，五条巷子按风向顺次展开；有独特的地域建筑泰式民居群，"九十九间半"和钱桂森故居等分列其中；有独特的古井文化，汉唐到明清古井群见证泰州"汉唐古郡、淮海名区"2000多年的薪火相传，可谓"青砖黛瓦五巷情，文昌水秀稻河美"。

了解与盐税文化有关的地名

活动目的： 在泰州，有不少地名与盐税文化有关，你知道其中的典故吗？沿着市区走一走，查阅资料翻一翻，打开电脑搜一搜。你就会发现很多有趣的故事。

活动步骤：

1. 请教地方史专家或长辈，了解城区各地名的来历，筛选与盐税文化有关的地名进行研究。

2. 小组分工，确定活动目标，进行资料查找和实地走访。

3. 汇总丰富的资料，进行活动汇报。

活动提醒：

1. 要充分理清"上河"与"下河"在城区的关联。

2. 有些地点较偏，实地考察时要注意安全。

3 宗教文化

在泰州传播的宗教，有佛教、道教、伊斯兰教、天主教和基督教等。其中，尤以佛教为盛。

●佛教

仅在海陵城区，就有东山、南山、西山、北山、光孝、雨声、永宁、觉正、净因九座寺院。其中，建筑上最富特色的是南山寺，影响最大的是光孝寺。

南山寺建筑辉煌壮观，特别是大雄宝殿，该殿建造于唐代，经历代修缮，保存至今。大殿采用古建筑等级最高的庑（wǔ）殿重檐，与北京太和殿、曲阜大成殿相似。殿内有楠木金柱，内外柱等高，脊梁下有叉手，枋上有明代重修墨书纪年，并留有宋元时构件，被著名园林专家陈从周先生誉为"江浙第一寺"。南山寺修复工程总投资3.6亿元，参照南山寺原貌，分两期实施建设。一期工程主要是在中轴线上依次建成牌楼、天王殿、大雄宝殿、圆通殿，并在东南角恢复文峰塔；另外还在东侧建成念佛堂、僧寮、厨房、斋堂等厢房。二期主要完成藏经楼、西配殿、方丈寮、居士寮、上客堂等建筑的建设。目前，复建中的南山寺一期工程基本结束，二期工程也将于近期启动。南山寺的恢复，是文化名城建设的最新成果，也为泰州源远流长的吉祥文化添上浓墨重彩的一笔。

南山寺大殿

泰州南山寺供奉着一颗珍贵的佛祖舍利子，原珍藏于斯里兰卡的玛希扬格纳寺庙的古佛塔内。经泰州籍高僧了中法师从中牵线，以斯里兰卡僧王乌度嘎玛为首的海内外高僧2011年专程来泰，将舍利子奉赠给了泰州南山寺，为泰州人民祈福安康。

相传，舍利是佛祖释迦牟尼圆寂之后留下的遗骨珠状宝石样生成物，非常珍贵，全国仅数十座大型寺庙才有供奉。供奉于南山寺的这粒舍利子颜色为白色，约有绿豆大小。每年春节期间对外开放，市民可免费瞻仰朝拜。

舍利庄严交接

光孝寺在东晋义熙年间（405—418年）由觉禅大师创建，迄今已近1600年，一直位居泰州城区九大丛林（寺庙）之首。光孝寺藏有不少珍贵文物，其中，《龙藏》（乾隆版《大藏经》一部）、《汝帖》（北宋晚期，由河南汝州郡守汇集七十余家草隶篆手迹碑刻拓本而成）是光孝寺的镇寺之宝。

光孝寺注重僧才培养。民国十五年（1926年）创办觉海学院，民国二十一年（1932年），又创办佛学研究社，造就了一大批佛教人才。民国杨仁山所著的《江苏名山方丈录》记载，"泰籍者十之七八，僧徒之发达，盖于斯为盛"。由此，泰州被誉为"名僧摇篮"，有"天下名僧出泰州""当家和尚泰州多"等说法。

泰州光孝寺

现任中国佛教协会副会长、上海市佛教协会会长、上海玉佛寺住持真禅，苏州寒山寺监院楚光，香港高僧悟一，台湾高僧成一、妙然和了中，菲律宾高僧乘如，旅美弘法的高僧敏智、浩霖等海内外著名高僧，都是光孝寺学僧出身。2008年11月8日，光孝寺最吉祥殿佛像开光时，成一、了中等法师都回来参加了这一仪式。

知识窗

光孝寺名称的由来 寺初建时的名称已不可考。公元1103年，北宋徽宗赵佶赐名"崇宁万寿寺"；公元1111年，又改赐名"天宁万寿寺"。公元1137年，南宋高宗赵构为超度其父宋徽宗的亡灵，诏令这座由宋徽宗两度赐名的古寺启建道场，并御赐名为"报恩光孝禅寺"。

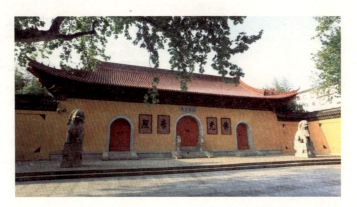

泰州光孝寺正门

常惺法师（1896—1939年），在近代佛教史上与被称为"中国佛教之救星"的太虚大师齐名。1931年至1933年间，常惺担任光孝寺住持，他首先抓教育，注重培养人才，并举办千佛三坛大戒法会，广为传戒弟子，培养了佛声、法宗、禅耕等一批著名弟子，为中兴光孝寺、弘法利生作出了杰出贡献。他不仅精通各宗学理，主持过重庆、厦门、北京等地的佛学院，还出任过中国佛学会秘书长。原全国政协副主席、中国佛教协会会长赵朴初，于20世纪30年代初曾担任其秘书。抗战期间，常惺创办收容所、佛教医院，并带领中国佛教抗战僧侣救护队，抢救中国伤病员，在抗战史上作出了重要贡献。

想一想

怎样理解"天下名僧出泰州"和"当家和尚泰州多"这两句话？

常惺法师

●道教

道教约在东晋以前传入泰州，宋朝达到鼎盛，元代衰微，明代又稍有发展，清代以来日渐没落。道教的遗存代表当数泰州城隍庙，相传建于唐代，历经数次重修，规模逐渐扩大。泰州城隍庙是江苏省保存最完好的城隍庙，是全国重点文物保护单位。

古人将守护城池的神称为城隍，他是神鬼世界中的一城之主，职权范围相当于人世间的县官老爷。道教把城隍当作"剪恶除凶，护国保邦"之神，说他能应人所请，旱时降雨，涝时放晴，保谷丰民。城隍，是传说中城的保护神，"城"指城池；"隍"意为干涸的护城河。"城"和"隍"都是保护城市安全的军事设施。中国早在周代就已开始祭祀"水塘（yōng）"神，水塘神即护城河渠中的神灵，是城隍神的原形。三国时期，吴国出现了第一座城隍庙。明太祖朱元璋曾是土地庙里的小和尚，做了皇帝后，对与土地神有密切联系的城隍神极为尊崇，下旨命令京城和各府、州、县都建庙供奉本地的城隍神，并给予这些城隍神以"王、公、侯、伯"等"封爵"，这使得城隍信仰一时登峰造极。

泰州城隍庙

你认为谁可以成为泰州城隍庙里的城隍呢？为什么？

城隍，是古时一个城市追崇的精神之魂。杭州把咏唱着正气之歌走向人生永恒的文天祥封为阴界的一城之主；苏州把"博学多智""忠诚仁勇"的战国四公子之一的春申君誉为城隍。泰州城隍"海陵忠佑侯"到底是谁？正史却无记载。有的说是岳飞，有的说是张士诚。

● 基督教

泰州基督教于清光绪十三年（1887年）传入。1992年在海陵区迎春路原美国传教士兰士德的住宅处建教堂，1997年7月教堂一期工程竣工，2005年二期工程完工。教堂总建筑面积达到2500平方米，定名为"泰州基督教堂"。

泰州基督教堂

●伊斯兰教

"伊斯兰"是阿拉伯语的音译，原意为和平、顺从。伊斯兰教和佛教、基督教并称世界三大宗教，以《古兰经》为根本教义，在我国旧称"回教""清真教"。

清末太平天国起义时，穆斯林在泰州设清真义学公所，作为来泰躲避战乱的穆斯林的居住之所。后改清真义学公所为清真寺，寺中设阿訇主持教务。

改革开放后，来泰经商的回民逐渐增多，重建清真寺提上了议事日程。2013年泰州清真寺建成。整个清真寺的建筑极富伊斯兰风韵。建筑中央设有一直径为12米的桃形主穹窿，四角各设一个小型穹顶圆亭和8座尖塔，建筑主入口朝南，讲坛设置在建筑西侧，确保穆斯林礼拜方向朝向西方圣地。主体建筑以两层通高的礼拜大殿为中心，大净（沐浴）、小净（洗手）用房齐全。在清真寺南侧，设有一伊斯兰建筑风格的邀月亭，以引导穆斯林进入礼拜大殿。

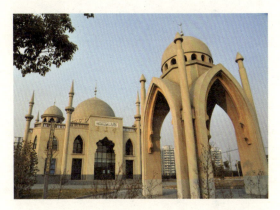

泰州清真寺

开心 活动

了解身边的宗教

活动目的：了解泰州宗教

活动步骤：

1. 划分活动小组，确立活动主题，一个小组了解一门宗教。

2. 小组分工，就具体任务进行分配，应包括查阅资料、实地走访、采访知情人等。

3. 将搜集的有关宗教的资料汇聚整理，进行汇报。你认为改革开放以来，泰州地区各大宗教得到发展的原因是什么？

活动提醒：

1. 要选择正规宗教，切勿接触邪教和封建迷信。

2. 在采访时，要作好准备，充分了解不同宗教的禁忌，尊重别人的信仰。

总　结

三水文化

- 水城的精致
- 水乡的浩渺
- 湿地的多彩
- 滨江的壮美

盐税文化

- 盐业的兴盛
- 盐税的记忆

宗教文化
- 佛教
- 道教
- 基督教
- 伊斯兰教

自我检测

1. 解释：伊斯兰教和基督教。

2. 列举：泰州主要宗教。

3. 解释：君子不独乐。

4. 描述：泰州三水文化的四种形态。

5. 推断：唐宋时期，泰州是全国最大的海盐生产基地。

6. 应用：欣赏并背诵赵朴初游泰州时创作的《踏莎行》。学唱歌曲《梦水乡》(词：阎肃；曲：孟庆云)。

第四节　古镇风情

古镇是先人留给我们的宝贵遗产。历史的积累，文明的遗泽，孕育了古镇独特的经济文化个性。泰州地区的古镇，无论地处沿江还是里下河水乡，都有着独特的地域风情、深厚的历史积淀、丰饶的地方物产和美丽的历史传说，特别是那众多的古宅民居、散落的宗教遗存和别致的民风民俗，无一不令人陶醉……一座古镇就是一部浓缩的社会发展史，看古镇既是看风景，更是透过历史的沧桑看文化。

学习聚焦

你会学到什么？

- 水乡古镇
- 沿江古镇

溱潼古镇"睿园"

为什么这很重要？

建筑是文化的载体，古镇是一个时代的记忆。依偎在青砖黛瓦下，徜徉在麻石小巷中，看古树茂盛，观楼阁古朴，烦躁的心绪慢慢平静，儿时的温情脉脉再现。在欣赏古镇风情的同时，其实，你是在细细品味古镇的文化。

如果说古镇是耀眼夺目的鲜花，那么乡村就是美丽娇艳的绿叶。环境优美、生态宜居、古建完好、特色鲜明的美丽乡村是宜居的乐园，更是城镇周边必不可少的风景线。

1　水乡古镇

●溱潼

原名秦潼，古称秦泓，是中国历史文化名镇之一。溱潼地处南通、盐城、泰州三市交界处，旧有"犬吠三县闻"之说。

千年古镇溱潼古时临海，水草丰茂，是麋鹿、獐鹿的乐园。宋岳飞之重孙岳珂所著《金陀粹编》中，有记载岳飞任通泰镇抚使"军驻秦潼村"之语。溱潼四面环水，风光秀丽，具有浓郁的水乡风情，犹如"东方威尼斯"。溱潼镇区现有古民居约6万平方米，其中保存完好的明清古建筑群有2万多平方米，古街巷23条。古镇内随处可见老井当院、麻石铺街。镇内古树名木众多，有古槐、古山茶、明代黄杨、皂荚，清代木槿，无不印证了古镇悠久的历史。

溱潼有着深厚的人文资源。古镇自古以来尊教崇文，人文荟萃，历代的进士举人达100多名。明代吏部左侍郎储罐曾在古镇水云楼读书；清代大词学家蒋鹿潭亦在此久居，写下了后世传诵的《水云楼词》；清代进士——苏州府教授孙乔年观景赋诗，"溱湖八景"的诗作流传至今。书法家高二适生于溱潼，其故居内藏品丰富。当代更有以李德仁、李德毅、李德群堂兄弟三院士为代表的杰出人才。溱潼会船则是中国唯一的、保存最完整、最具原生态特质的"水上庙会"。

在线学习

网络搜索：

了解你身边的古镇。

水云楼

知识窗

水云楼 水云楼是寿圣寺大雄宝殿后面的一幢藏经大楼，该楼始建于明代。2011年，重建于溱潼风景区。据《东台县志》载："水云楼在古寿圣寺内，明吏部左侍郎储罐青少年读书处。"郑板桥登水云楼题下"得来湖水烹新茗，买尽吴山作画屏"的名联。据传，储罐在水云楼上出一上联："一眼望三湖，湖南湖西湖北口"，一时竟无人能对。后有人巧妙地对出了下联："孤舟荡双桨，桨起桨落桨高低。"清著名词人蒋鹿潭亦曾读书于此，后鹿潭先生为纪念在水云楼的一段生涯，遂将所著词集命名为《水云楼词》。至今楼内还珍藏有清郑板桥及黄慎等名家的字画。

你知道明代泰州大才子储巏少年时在溱潼水云楼"南楼读书"的故事吗?

一门三院士 李德群,现任华中科技大学材料科学与工程学院院长、教授、博士生导师,1945 年生于姜堰区溱潼镇,1968 年毕业于清华大学冶金系,1981 年获得华中工学院(现华中科技大学)硕士学位,2015 年当选中国工程院院士。

溱潼院士旧居

在李德群之前,其堂兄李德仁,中国测绘学界泰斗,于 1991 年当选中科院院士,三年后当选中国工程院院士,成为"双院士";李德群另一位堂兄李德毅,1999 年当选中国工程院院士,少将军衔。

如今溱潼古镇景点"院士旧居",便是李氏家族的祖宅。旧居主人李承霖,于清代道光二十年(1840 年)状元及第,此人是院士三兄弟的高祖父,于咸丰年间举家避居溱潼。

 ## 知识窗

溱潼古寿圣寺 始建于宋朝,距今 700 多年的历史,时为泰州佛教界"十四大丛林之一"、溱潼九大寺院之首,历史悠久,文化底蕴深厚。如今古寿圣寺临水而居,极目溱湖烟波浩渺,帆影迷离,举望白鹭翔空,鸟雀舞风。寺内殿堂气势恢宏、巍峨庄严。晨钟暮鼓香烟缭绕,佛音梵韵袅袅如世外天音,令人耳目清静,远离尘嚣归心灵于寂静,荡涤性灵于无为。山门殿、天王殿、大雄宝殿、水云楼、僧舍、素食馆等已对外开放。巍巍庄严的药师琉璃光佛塔坐落于古寿圣寺的东南方位的溱湖之上,高达 80 米,其中的三尊铜像高 36 米,用铜 500 余吨,佛像面部浇注黄金 3000 余克。佛塔佛像分三面耸立于莲花座上,顶以穹庐覆之,像分三面三身分别为药师如来之法身、报身和应身。三面药师佛采用先进工艺铸造,佛像的不同部位呈现出 5 种颜色,斑斓绚丽,金碧辉煌,再现水天佛国琉璃世界的神韵。2013 年 7 月,经上海大世界吉尼斯官方认证,古寿圣寺三面药师佛塔获大世界吉尼斯之最——中国最高的水上三面药师佛塔。

三面药师佛塔

在线学习

知识拓展：

了解国家级非物质文化遗产。

溱潼会船节　溱潼会船节源于宋代。相传山东义民张荣、贾虎曾于溱潼村阻击金兵，溱潼百姓助葬阵亡将士，并于每年清明节撑篙子船，争先扫墓，祭奠英魂，久而久之，形成撑会船的习俗。会船通常分为篙船、划船、花船、贡船、拐妇船等五种类型。溱潼会船节一年一度，在清明节后的第二天举办，被国家旅游局定名为"中国溱潼会船节"。每届都有近十万名游客云集当地，争睹"天下第一会船"的壮观场面。溱潼会船是中国唯一的、保存最完整、最具原生态特质的"水上庙会"，作为一项省级民间文化保护工程，现已被列入国家级非物质文化遗产、国家重点旅游项目、中国十大民俗节庆。

溱潼会船有一个很大的特点，即近千年来一到会船的日子，当地老百姓"上到八十三，下到要人搀"都要赶来参加，从看会船到踏青、会亲、赶会，完全是一种民间庙会的形式，是一种遗存在民间的节日文化活动，这种社会行为的历史沉淀本身构成了民间文化遗产的内核。

溱潼会船节

会船节活动

赛船 清明节前 10 天，有会船的村子就由会头在村里树起旗帜。会头是本村的负责人，会船的安全由他负责。被选中的船主很乐意。经过试水、铺船、赴会等程序，进入赛船阶段。两船对齐后，扬锣两声，发出竞赛的号令，接着水手们齐喊："下！下！"声音响亮。篙手两臂张开，两手挥动竹篙，笔直地两上两下，竹篙与船帮相碰发出"笃—笃"撞击声，扬篙如长矛列阵，下篙如巨蟒入水。有节奏的锣声越来越紧，船立即从水面上腾起。两船比赛，终有胜负，在进行中如有胜者，"喤喤喤"一阵乱锣，就表示停篙。不断地比，反复地赛，把会船竞赛推向高潮。

当赛船结束，会船节活动临近尾声时，欢闹的演戏、酒会、送头篙三部曲又凸现高潮。

演戏 按惯例，赛船前，各大村庄的头面人物，早就张罗着在露天搭台唱戏谢神的事了。扬剧、淮剧、京剧、杂技……各庄花钱请戏班子，在赛船结束的当晚开演。也有不请戏班子的，则由本庄的文娱爱好者组织起来载歌载舞，或请电影队放电影。没有一个庄子这天晚上没有演出活动。

酒会 赛船结束的当晚，篙手们毫无例外地要举行一场酒会。各船篙手欢聚豪饮，大伙话题再多，也要转到一点上来："今年的头篙送给谁？"围绕这个题目，七嘴八舌把"头篙"的得主定下来。至于酒会的费用，早有习俗，公吃公摊，概由参加者负担。

送头篙 习俗以送头篙预祝人家生儿子。这对于个别久婚不孕夫妇或新婚夫妇颇有吸引力，谁能够得到篙手们的青睐，成为头篙的得主，那真是一件喜事。酒会上，头篙的得主一选定，马上就会有热心人向这一家通报喜讯。这一家便立即作好迎接的准备，全家上下，满怀喜悦的心情，恭候篙手们的光临。头篙一进门，灯烛辉煌，鞭炮齐鸣，主人向篙手们奉上糖果、香茶，一一致谢。送篙者满口都是"祝愿早生贵子"的话。得主不断许诺："到时候一定请各位吃喜酒。"要是头篙的得主这一年碰巧真生了"贵子"，那可就热闹了。首先要为一船的篙手每人添一根新篙子，富裕者还自动置办酒菜，宴请全体篙手。可以想见，一条会船有一根头篙，一个庄上，多少会船，多少头篙，牵动着多少处欢乐的人群。溱潼一带，村村社社的乡亲们，年复一年，就是以这样那样的健康的风俗导演出一幕幕寻求欢乐的戏，使欢乐的气氛笼罩着水乡。

●沙沟

中国历史文化名镇沙沟，位于兴化市西北部，距兴化城30千米。这里是兴化、盐都、高邮、宝应、建湖五县市交界处，周围有大纵湖、郭正湖、南荡、花粉荡、官庄荡、王庄荡、团头荡，俗称"两湖五荡"。沙沟宛如一片荷叶漂浮在水面，故有"荷叶镇"之称。

沙沟镇明清古建筑

沙沟是千年古镇。沙沟镇始建于公元前206年，古称射阳村，又名沙溪、石梁。刘邦手下大将陈琳在此地封过射阳侯。沙沟自古是兵家必争之地。抗日战争期间，沙沟作为苏中根据地、集中点，为我军提供大量粮食和农副产品。新中国成立前，沙沟曾三度设市建县。抗战时新四军曾在这里设立过"苏中公学"，为我党培养了一大批优秀干部，人称当时的沙沟为"苏北乌克兰"。

沙沟盛产鱼虾、蟹鳖、菱藕、鸭鹅等农副产品。由于地处水运的交通要道，沙沟商贾兴旺，贸易兴隆。加之镇上环境优美，小桥流水、庙宇众多，各行各业兴旺发达，所以自古素有"金沙沟"的美誉。

沙沟镇历史悠久，文化底蕴深厚，历史上出现过无数名人学贤。如：明朝的福建右布政使万石梁、清康熙年间的昭勇将军姜望龄、清著名诗人刘沁区、明末清初沙沟凫园主人姜长荣、民国国大代表赵阎生等。有着许多优美的历史传说，如："二十四孝故事"之王祥卧冰求鲤、郑板桥在沙沟设馆授徒的故事、金锣庄的来历、落驾舍的来历等。有着独特的地方文化遗产，如：沙沟的彩妆灯会、沙沟的庙会。有着独特的地方民俗，如：子夜娶新娘、端午节食"十红"、过年过节家家烧斗香等。有着独特的饮食文化，享誉大江南北的名菜名点有：沙沟大鱼圆、藕夹子、酥皮春卷、小麻饼、水粉炒鸡等，有"游在东吴杭州，食在广陵沙沟"之说法。有着独特的红色旅游资源，如：抗战时期的沙沟市委市政府旧址，被誉为革命熔炉、育才园地的新四军"苏中公学"旧址等。

沙沟进士坊

知识窗

　　沙沟**"板凳龙"**　2003 年中央电视台"心连心"艺术团在兴化的大型文艺演出中，来自沙沟的"板凳龙"以其独特的表演形式和表演技艺受到了专家的好评和万名观众的赞誉。

　　"板凳龙"是沙沟古镇深厚文化底蕴孕育出的结晶，具有浓厚的地域文化色彩和独特的水乡风情。它从东岳庙会的祭祀表演活动，演变成一种群众喜闻乐见的民间舞蹈节目，是对地方文化的传承和发扬。近几年，广大文艺工作者对"板凳龙"这一古老的表演形式进行了发掘整理，在保留原有文化内涵的基础上，加入现代表演形式，大放异彩，多次应邀在省内外演出。

排练中的"板凳龙"

 在线学习

知 识 搜 索：
_____

　　了解舞龙的习俗。

 **想一想**

　　俗话说"五里不同风，十里不同俗"，了解了沙沟古镇的风俗后，你能说说你的家乡风俗中与之不一样的地方吗？

2 沿江古镇

●**黄桥** 中国历史文化名镇黄桥，原名"永丰里"，后称永丰镇，元末明初易名黄桥镇。有人称之为："汉唐设里，北宋建镇。"黄桥是一座具有悠久历史的千年古镇和丰厚底蕴的文化名镇，素有"北分淮河，南接江潮"的水上枢纽之称，是泰兴东部地区经济、文化、商贸和交通中心。

黄桥自古人文荟萃。宋孝子顾昕为泰兴载入史册的第一人，黄桥何氏一门更有"四进士、十举人、三百秀才"的美传。近代诞生了丁文江、丁西林、王德宝、韩秋岩等著名的科学家、戏剧家、生物学家、书画家。黄桥至今保留大量的明清建筑和宋代建筑。这些历史遗存都是黄桥宝贵的旅游资源。黄桥既是具有一千多年历史的文化名镇，又是一个为革命作出重大贡献的军事重镇。著名的黄桥战役为黄桥增添了光辉的一页。黄桥人民英勇支前，为革命的胜利作出了巨大贡献。一曲体现军民鱼水情的《黄桥烧饼歌》更使黄桥和黄桥烧饼享誉全国。新四军黄桥战役纪念馆入选全国100个"红色旅游经典景区"，成为全国12个重点红色旅游景区和30条"红色旅游精品线路"之一。镇区的提琴产量占世界产量的三分之一，江苏凤灵集团成为全国工业旅游示范点。

丁家花园

黄桥古街

黄桥至今保留完好的明清建筑有2000余间，还有少量的宋代建筑，有古街巷24条、古寺庙3座、宗祠7座，还有大批唐宋明清石刻、木匾。黄桥老街至今仍保存着丰富的文物古迹，现有国家级文物保护单位4处，省级文保单位1处，市级文物保护单位21处以及一些有价值的历史遗存遗迹。国家级文保单位4处分别是"通如靖泰临时行政委员会旧址（新四军黄桥战役纪念馆）"，"黄桥战役支前委员会旧址（何氏宗祠）"，"新四军第三纵队司令部旧址"，"新四军黄桥战役革命烈士纪念塔"。省级文保单位有"明清民居建筑群"。市级文物保护单位有 21 处，已经修复并开放的景点有："顾孝子墓""何御史府""韩秋岩故居""裕泰和茶叶店""致富桥、文明桥""朱履先中将府"和"福慧寺"等。

 知识窗

黄桥何氏《家规家训》选录

一、孝父母

父母之恩，如天高地厚，最难图报。吾族为子者，只是尽其心，力所当为，如饮食、衣服之类，虽是孝之疏节，宜极力营办，以奉养父母。纵使家贫，当以色养，不可便生怨怼。冬温、夏清、昏定、晨省，礼不可缺。不幸父母有过，必下气怡色，柔声以谏，委曲婉转，以待其听。或遇疾病，必奉侍汤药，不离左右。然孝心易衰，于妻子又必须朝夕省谕，教以事舅姑之礼，方是一家孝顺。此为子者不可不知！

二、友兄弟

兄弟，乃父之所爱，最要相好，每因妇人言，致相离间。吾族为弟兄者，须同居共爨（cuàn），相爱相友。或不得已而至于析居，亦宜有无相济，疾病相扶，患难相恤，方是能体父母之心。切不可轻听妇言，因丝毫小利、亩角田地，便生忿怒，甚至斗殴构讼，骨肉相残，大失同胞之义。

六、训读书

人家子弟以读书为先，而读书以勤苦为本。吾族为父兄者，须延师取友，教子弟以诗书，令其晓通文义，不令放纵偷安。上，可以立身扬名；次，可以登科入仕；下，亦可以支持门户。若不教读书，惟营末利，甚至子弟目不知书，纵富，必为愚痴顽蠢之夫。贪，则甘为人下而不辞矣。戒之！戒之！

八、崇节俭

人情由俭入奢易，由奢入俭难。人能节俭，则必勤劳。劳则逸欲之心不生，而可以保身持家。若不节俭，必至于侈衣食，崇宫室，好珍赏奇怪之物，习狎小人嫖饮赌博，鲜有不至于破家荡产者。凡我子孙，务习勤劳服食，居处崇尚俭朴，一应奢侈嫖赌之事，切不可为！

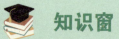
火烧震东市 1924 年的"火烧震东市"发生在泰兴市黄桥。当时，震东市（今横巷）政权掌握在黄姓八大家手中。1924 年正月，八大家出布告强征"猪子捐"，农民不堪负担，余家庄村民余学先（人称余道人）带领 108 庄农民吃齐心酒抗征"猪子捐"。在与地主武装及县警察发生冲突中，农民死伤 10 多人，余学先被捕。余大化带领农民围住黄家营救余学先未果，便放火烧了黄家房屋。2 月 12 日，余学先遭杀害，"猪子捐"被取消。新中国成立后《火烧震东市》纪实文学及连环画出版，后改编为同名京剧上演。

在线学习

网 络 搜 索：
_____

　　观看电影《黄桥决战》《陈毅三进泰州城》。

知识窗

黄桥战役 1940 年，陈毅、粟裕领导的新四军，挺进苏北抗日，遭到国民党顽固派的阻挠与围攻。陈毅、粟裕忍无可忍，在黄桥予以反击，取得了黄桥决战的伟大胜利。新四军以 5000 人的兵力，战胜了国民党顽固派韩德勤部 1.5 万人，韩德勤嫡系 89 军被歼灭 1.1 万人，军长李守维坠河而死，独立旅旅长翁达自杀。黄桥决战的胜利奠定了苏北抗日大局，对开辟苏北，发展与坚持华中抗战具有重要意义。

　　黄桥战役打响后，黄桥镇 12 个农磨坊，60 个烧饼炉，日夜赶做烧饼。镇外战火纷飞，镇内炉火通红，当地群众冒着敌人的炮火把烧饼送到前线阵地，谱写了一曲军爱民、民拥军的壮丽凯歌。1975 年，粟裕将军重返黄桥，黄桥人民仍用黄桥烧饼盛情款待他，他激动地说："从黄桥烧饼我们看到了军民的鱼水深情，我们要继续发扬革命传统，争取更大光荣。"

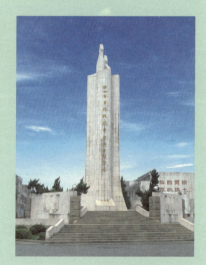

黄桥战役纪念塔

●口岸

千年古镇口岸旧称柴墟，地处泰州南部市区，南临长江，与扬中市隔江相望，西邻扬州市江都区，东与泰兴接壤，为长江三角洲冲积平原，地势东北高，西南低，略呈倾斜状。辖区总面积76平方千米，总人口近8万人，现为高港区政治、经济、文化中心。

口岸纳阳门

史载，南唐时划海陵南五乡置济川镇（泰兴县前身），由于县治所在地济川镇坍江，北宋乾德二年（964年），"县治由济川镇迁至柴墟镇"（今口岸街道），并于四周垒土为城，"肖龟，周九里，号为龟城"。时人称，柴墟西枕长江，北负广陵，水陆辐辏，为邑重镇。其区位得天独厚，长江黄金岸线资源优越，引江河、南官河平行纵贯全镇，宣堡（柴墟）港横穿境内。口岸气候温和，四季分明，物产丰富，人文荟萃，自古就是泰州市及苏中、苏北里下河地区出江入海、对外交往的通衢要道和商品流通集散地及居家休闲福地。

早在宋、元时期，口岸就已形成街市，以南宋庆元年号命名的庆元街就是形成于此时，后随着长江港口水运繁荣，商业日盛，更加促进古镇商贸街市的发展。

清代以后，口岸成为泰兴县西部的贸易中心，时人称之为"水陆辐辏，为邑重镇"，至清末民初，口岸已成为周围四乡百里农副产品集散地。清代名士金长福写于同治三年的竹枝词云："万家灯火比邻居，虾菜登筵美如菇。州里江流通口岸，清明时节卖鲥鱼。"诗人词中对口岸作了如下注释描述："口岸去城三十六里，又三里即滨大江，近时盐艘由此出江，遂成重镇，市廛交错，行栈纷如，人民辐辏，几似仙镇，即埭并称繁庶云。"至抗日战争前夕，镇上商贾云集，人烟繁盛，形成以庆元街（旧时庆元街又以庆元桥为中心分为庆元东街、庆元西街、庆元南街、庆元北街）、新丰街（现东兴街）、木商街、新民街、西星街等为代表的沿江港口商贸经济圈。这些街道多数沿柴墟河（现宣堡港）、济川河（现南官河）而建，街长达数公里之遥，店铺数百家之多，加以镇上行业齐全，网点遍布，货源充沛，营业兴盛，人称"苏北小上海"。

口岸因江而生，因水而兴，因港成市。当四方商客在此经营发展时，不仅追求安生之地，而且追求不断扩展，于是便出现了不同时代、不同行业、不同地区的生产经营建筑风格。这里既有以城隍庙为代表的北宋咸丰年间宗教建筑，又有以雕花楼（当地富商营建）为代表的明清建筑；既有以戚世光武进士第为代表的官宦建筑，又有以李信昌过载行为代表的商贸（徽式）建筑；既有以金寿会馆为代表的赣式建筑，又有以泰昌生木号为代表的鄂式建筑；既有以宁波公所为代表的苏杭建筑，又有以孙氏四方楼为代表的欧式建筑。

口岸临江近海，是南下北上客货的中转集散中心，也是中外文化相互交流和融合之地。随着政治和军事的影响，经济和社会的发展，这里自然环境优美，水陆交通便捷，而且桥多、寺胜、景美。有一步两庙（城隍庙与财神庙仅一步之遥），三步两桥（虹桥、响水桥），九桥八景十座庙之说。镇内佛教、道教、基督教、伊斯兰教等寺观教堂应有尽有，尤其佛教更为鼎盛，梵音四起，伽蓝毗邻。

新中国成立后，口岸古镇焕发出勃勃生机，社会经济等各项事业得到了突飞猛进的发展，特别是 1997 年 8 月成立高港区后，口岸镇作为区政府驻地，遂成为全区政治、经济、文化的中心，城区规模不断扩大，城镇建设日新月异。坐落于口岸镇区的扬子江药业集团，已经成为全国制药行业的排头兵。口岸古镇也因此而成为闻名全国的药城和港城。

口岸鼓楼

口岸虎头鞋制作技艺 这是 2011 年入选泰州市第三批非物质文化遗产的项目之一，亦是高港区首批入选的项目之一。在口岸，长辈给孩子穿虎头鞋的习俗由来已久，据说孩子们穿上虎头鞋能辟邪避灾，平平安安。

近代口岸虎头鞋制作技术来自安徽徽州，历经 4 代母女传承，已有 120 多年历史。虎头鞋制作技艺第四代传承人邓小华，现年 57 岁，制作虎头鞋已 30 多年。邓小华不仅全面继承了母亲的传统制作技艺，而且自己有所创新，她将原有的单一品种发展成系列品种，在虎头制作上、虎头刺绣上、鞋帮图案上、不同季节的鞋的种类上都有创新。

知识窗

戴氏中医喉科疗法 口岸田河雅妙河戴氏中医喉科疗法，早在清道光年间就以独特的喉科吹药，精湛的医疗技艺，以及善学、善德、善医的可贵精神，誉满扬泰及苏锡常地区，至今已有 150 年的家族传承史。

在线学习

网 络 搜 索：

了解炮击"紫石英号"事件。

开心 活动

建设良好家风

活动目的：了解家规家训，传承良好家风。

活动步骤：

1. 搜集整理古今名人和老一辈革命家的家风，了解良好家风是一个家族最宝贵的财产，是中华文明的重要组成部分。

2. 查找家谱，走访长辈，了解家族的家规家训。

3. 开展"我怎样传承良好家风"的交流讨论，把家风建设摆在重要位置。"家之兴替，在于礼仪，不在于富贵贫贱。"

总 结

古镇风情

- 溱潼古镇
- 沙沟古镇
- 黄桥古镇
- 口岸古镇

自我检测

1. 辨别：秀才、举人、进士。

2. 列举：古镇的历史遗存。

3. 解释：金沙沟、东方威尼斯。

4. 描述：古镇美景。

5. 批判性思考：发展经济必然会导致环境污染。

6. 应用：了解家风家训，积极参与家乡文化挖掘。

   学唱《黄桥烧饼歌》。

第三章

百业兴旺　经济发达

第一节　　鱼米之乡

泰州 是国家主要商品粮、优质棉、淡水产品的生产基地。现代农业正在迅速发展，农业机械化水平不断提高，农业基础设施不断改善，农业产业园及家庭农场不断壮大。而智慧农业，更推动泰州现代农业迈上新台阶。空中，无人机在播撒农药；办公室里，电脑随时可以对鱼塘水质及农田情况进行监控；打开手机，就能享受农业社会化服务。

学习聚焦

你会学到**什么**？
● 泰州重要的粮食作物
● 泰州的畜禽养殖及渔业生产

为什么你要学习？
　　了解泰州丰富的农业资源，不但可以学到农业相关知识，还可以对美丽富饶的家乡有更深刻的认识。

1 绿色粮油

　　泰州地势平坦，土壤肥沃，河湖众多，物产丰富，历来被誉为"鱼米之乡"。粮食单产水平连续多年位居全省第一，4个主要农业市（县）、区全部建成省级"亩产吨粮县"。泰州不仅是国家重要的粮油生产基地，更是全国知名的绿色农产品生产基地，绿色粮油畅销全国。兴化、姜堰、泰兴三地均获得 "全国绿色食品原料标准化生产基地"称号。兴化成为国家级出口食品农产品质量安全示范区。

 **知识窗**

　　绿色食品　绿色食品，是指按特定生产方式生产，并经国家有关的专门机构认定，允许使用绿色食品标志的无污染、无公害、安全、优质、营养型的食品。在许多国家，绿色食品又被称作"生态食品""自然食品""蓝色天使食品""健康食品""有机农业食品"等。绿色食品标志由特定的图形来表示。绿色食品标志图形由三部分构成：上方的太阳、下方的叶片和中间的蓓蕾，象征自然生态。标志图形为正圆形，意为保护、安全。颜色为绿色，象征着生命、农业、环保。AA 级绿色食品标志与字体为绿色，底色为白色；A 级绿色食品标志与字体为白色，底色为绿色。整个图形描绘了一幅明媚阳光照耀下的和谐生机，告诉人们绿色食品是出自纯净、良好生态环境的安全、无污染食品，能给人们带来蓬勃的生命力。绿色食品标志还提醒人们要保护环境和防止污染，通过改善人与环境的关系，创造自然界新的和谐。

绿色食品标志

●优质水稻

　　水稻是泰州主要的粮食作物。泰州张郭遗址发现的碳化稻粒，证明了在 4000多年前泰州就开始种植水稻。汉代，吴王刘濞在泰州设粮仓，名为海陵仓。汉代枚乘在《上书重谏吴王》中称赞泰州是："转粟西向，陆行不绝，水行满河，不如海陵之仓。"《隋书》中有"海陵盛产桃花米"的记述。唐代骆宾王《为徐敬业讨武曌檄》中有"海陵红粟，仓储之积靡穷"的句子；宋代陆游的诗中有"香粳炊熟泰州红，茞甲莼丝放箸空"的句子。泰州水稻种植面积 300 万亩，年产量达 180 万吨以上。泰州水稻生产已摆脱繁重的体力劳动，育秧、

丰收的水稻

栽插、收割全部机械化完成。水稻良种推广，科学种植成效显著，水稻亩均单产已超 700 千克。2015 年，兴化市钓鱼镇最高田块亩产达 1017.7 千克，再次创造了稻麦两熟条件下机插水稻百亩示范方单产全国纪录。泰州利用优越的自然条件，实施绿色稻米标准化生产，发展绿色食品乃至有机食品生产，取得了明显成效。目前，泰州已形成了沿江及高沙土地区的优质无公害水稻生产基地，里下河地区的绿色稻米生产基地。"河横"大米列入国家地理保护产品名录。"兴化大米"成为国家地理标志产品。

 知识窗

"河横"大米 泰州姜堰区沈高镇河横村是蜚声海内外的生态名村，1990 年获得联合国环境规划署授予的"生态环境全球 500 佳"称号，该村以生态环境为立村之本，推动经济社会全面发展。以河横为核心的农业生态科技园区，是省级绿色食品科技示范园区，建成全省无公害稻米标准化示范区。"河横"大米即源自以河横村为核心区的 10 万亩稻米标准化示范区，"河横"大米坚持选用优良品种，广泛采用生物肥料、有机农药，确保稻米品质。1995 年，"河横"大米获得国家绿色食品证书。2006 年，"河横"大米通过国家地理保护认证。

●优质小麦

泰州是冬小麦产区。2015 年，泰州小麦种植面积为 286 万亩，亩均单产为 408 千克，总产 117 万吨，位列全省第一。

泰州沿江及高沙土地区是种植弱筋小麦的理想自然生态区，目前该区域已成为全国最大的弱筋小麦产业基地。靖江市正联合周边地区打造百万亩弱筋小麦订单生产基地。靖江市已成为长江中下游最大的小麦集散地、国内最大的弱筋小麦集散地。

丰收的小麦

里下河区域适宜中筋小麦生长，是我国理想的专用中筋小麦生产地区。姜堰区里下河区域乡镇的中筋小麦种植面积逐年扩大。兴化市的优质中筋小麦"兴化红皮小麦"品牌形象进一步提升，红皮小麦种植面积常年稳定在 100 万亩左右，平均单产 400 千克左右，因延伸性好，品质稳定性好，十分畅销。"兴化红皮小麦"为地理标志保护产品。

 知识窗

　　小麦品种　我国小麦生产中推广应用的品种繁多，根据适应不同种类食品加工的需求，目前划分为弱筋、中筋和强筋三种专用小麦类型。强筋小麦是籽粒硬质、蛋白质含量高、面筋强度强、延伸性好、适于生产面包粉以及搭配生产其他专用粉的小麦。中筋小麦是籽粒硬质或半硬质、蛋白质含量和面筋强度中等、延伸性好、适于制作面条或馒头的小麦。弱筋小麦是籽粒软质、蛋白质含量低、面筋强度弱、延伸性较好、适于制作饼干糕点的小麦。

　　仔细观察下面两幅图，你能分辨出哪是小麦哪是水稻吗？请描述它们的区别。

●优质旱杂粮

泰州自古就有生产旱杂粮的传统，主要有玉米、大豆、芋头、荞麦、花生、甘薯、绿豆、芝麻等。市农技部门通过良种推广、田间指导等方式，鼓励农民种植旱杂粮，旱杂粮开始向品种多、面积大方向发展。泰兴的花生为农产品地理标志产品。泰州芋头的影响力也不断增大，靖江的香沙芋、泰兴的香荷芋、兴化的龙香芋、姜堰的紫荷芋名闻全国，芋头的种植和加工产业链正在不断拉长。2015 年，靖江香沙芋种植面积 3 万亩，产量达 1500 多万千克，年产值 2 亿多元。

丰收的花生

★ 在线学习

网络搜索：

上网阅读相关资料，你能找出旱杂粮有哪些保健功能吗？

知识窗

靖江香沙芋　中国地理标志农产品，营养丰富，口感细腻，有一股独特香味，素有"芋栗"之美称，深受广大消费者青睐。

兴化龙香芋　中央电视台播放的纪录片《舌尖上的中国》让亿万观众记住了兴化龙香芋。母芋近圆球形，肉白色，粉而香；子芋少，椭圆形，肉质黏，口感细腻，香味独特。

丰收的油菜

●双低油菜

泰州气候、土壤等条件适合双低油菜的种植，主要产区集中在里下河、沿江地区。全市种植双低油菜 45 万亩左右，平均每亩单产在 200 千克左右，年加工能力 30 万吨。目前，一种"油蔬两用型"品种得到推广，既是可采摘可食用的菜薹，又不影响油菜籽产量。

双低油菜 双低油菜是指菜油中芥酸含量低于 3%，菜饼中硫代葡萄糖甙（dài）含量低于 30 微摩尔 / 克的油菜品种。菜籽油中主要脂肪酸包括油酸、亚油酸、亚麻酸和芥酸等，油酸与亚油酸均属人体必需脂肪酸，可降低人体内血液中胆固醇含量，软化血管壁，阻止血栓形成，由其制成的油对防止心脏及多种心血管疾病有显著作用。双低油菜中的油酸含量达 60%，因而被称为"最健康的油"。

仔细观察家中使用的食用油，是否有双低油菜籽油?

2 现代渔业

泰州大力利用现代科学技术发展渔业。渔业的规模化、生态化、设施化、信息化不断提高，水产新品种、新技术、新模式迅速推广应用，水产品质量安全追溯系统正在建立。泰州水产养殖面积稳定在 110 万亩，水产品有鲢鱼、鳙鱼、鲤鱼、青鱼、鲫鱼、鲈鱼、螃蟹、青虾、小龙虾、泥鳅、黄鳝等，水产品年产量约 40 万吨。

●沿江特色渔业

泰州充分利用丰富的长江滩地资源、丰富的长江水产种质资源和畅销的长江名特水产品市场，加快建设沿江特色渔业经济带，重点发展江蟹、江虾、江鱼等长江名特水产品生产（刀鱼、鲥鱼、河豚是著名的"长江三鲜"）。为了保护长江渔业资源，促进长江渔业经济朝优质和生态循环的方向发展，每年春夏季，泰州长江段和长江全线一样实施全线禁捕，从 3 月 1 日起，到 6 月 30 日结束。并坚持每年开展长江渔业资源增殖放流活动。

长江三鲜

● 里下河生态渔业

泰州充分利用里下河地区水资源丰富、生态环境优越、水产生产水平较高的优势，重点建设50万亩优质水产品生产基地。里下河地区"虾蟹经济"特色鲜明，是泰州现代渔业的拳头产业。河蟹、小龙虾、青虾等特色品种生产规模连续多年居全省前列。兴化市是"中国生态河蟹养殖第一县"。"兴化大闸蟹""兴化大青虾"都为国家地理标志产品。溱湖簖蟹、溱湖青虾、溱湖甲鱼、溱湖银鱼是姜堰溱潼的特色生态农产品。

溱湖簖蟹

 知识窗

溱湖簖蟹　"溱湖八鲜"中最有名的是溱湖簖蟹。每年中秋前后，溱湖的螃蟹开始洄游，返回长江入海口交配产卵。一碰上簖，便纷纷向簖的高处爬去，翻过簖后一只只落在篾篓之中——只有那些翻过簖的螃蟹，才叫簖蟹——如果不是体肥肉壮的大蟹，根本无力爬上那高高的簖，所以簖蟹中，绝没有小的、瘦的、病的，个个膘肥体壮，力气很大。自古以来便有"南有澄湖闸蟹，北有溱湖簖蟹"的说法，人称"南闸北簖"。

 **想一想**

结合第一章相关内容，分析完成"泰州水产业发达的原因"示意图。

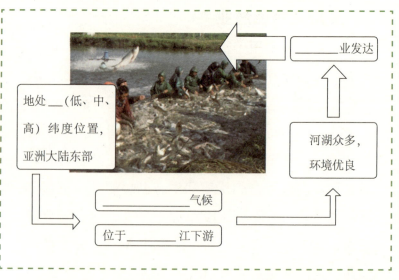

"泰州水产业发达的原因"示意图

3 畜禽基地

　　泰州是国家重要的畜禽生产基地。2015 年，泰州肉类产量 26.19 万吨，禽蛋产量 12.02 万吨，牛奶产量 4.58 万吨。泰州畜禽养殖转型升级步伐加快。全市生猪大中型规模养殖比重达 62.0%，家禽、奶牛规模养殖比重分别达 98.0% 和 100.0%，生态健康养殖示范创建工作稳步推进，畜禽养殖场基础设施建设和管理水平逐步提升。泰州拥有国家水禽种质资源基因库。泰州的姜曲海猪，2006 年被农业部列入国家保种名录，同年在江苏现代畜牧科技园内建设保种场——江苏姜曲海种猪场，现保存有 4 个血统、100 头规模的姜曲海猪种群。"苏姜猪"是泰州参与培育的首个拥有自主知识产权的畜禽新品种，以姜曲海猪、枫泾猪和杜洛克猪为育种素材，历经 17 年培育而成。

大白鹅

知识窗

　　国家水禽种质资源基因库 由江苏农牧科技职业学院承建，位于泰州市农业综合开发区江苏现代畜牧科技示范园内，占地数百亩。所谓水禽，主要包括鸭、鹅、鸿雁、灰雁等以水面为生活环境的禽类动物，而根据泰州地理位置和气候因素，位于泰州的国家级水禽基因库则主要保存鸭、鹅两个物种。目前，全国鸭鹅种类约为 57 个，这里就保存了 27 个，群体规模近 13000 只，是目前我国收集保存品种数量最多的水禽种质资源基因库。基因库由活体保存区和实验中心两部分组成，活体保存区主要开展水禽种质资源活体保存工作。实验中心由遗传育种实验室和生物技术实验室组成，主要进行水禽遗传资源评价与分析、生产性能测定、肉品质测定、水禽分子生物研究、水禽基因工程研究等工作。

泰州蔬菜种植面积约120多万亩，出口市场遍布日本、韩国、美国、欧盟等数十个国家和地区。一批骨干蔬菜出口企业不断加大新工艺、新材料、新产品研发力度，将产品从初级半成品向终端产品提升。泰州水煮莲藕2015年出口大幅增长。脱水蔬菜产品已从本地传统的香葱、胡萝卜、包菜，扩大到全国各地的地域知名产品。品种有120多个，如脱水洋葱、脱水红椒、脱水番茄、脱水西兰花、脱水蘑菇等。兴化是闻名全国的"中国果蔬脱水加工第一县"。

藕

香葱

 知识窗

兴化香葱 兴化香葱为兴化市特色地方品种，种植历史悠久。其香味浓郁，品质优良，含有特殊的硫化丙烯，具有增进食欲、预防心血管疾病的保健功效，是保鲜、脱水加工的理想原料和食品工业不可缺少的调味品，"统一""康师傅""华龙"等方便面中的脱水香葱均来自兴化。产品远销日本、韩国、东南亚等地。

总 结

绿色粮油

- 优质水稻
- 优质小麦
- 优质旱杂粮
- 双低油菜

现代渔业

- 沿江特色渔业
- 里下河生态渔业

畜禽基地

蔬菜出口

自我检测

1. 辨别：水稻、小麦。

2. 列举：你知道哪几种旱杂粮？

3. 解释：绿色食品。

4. 描述：你见过哪些农作物？

5. 推断：泰州水产业发达的原因。

泰州　工业转型升级步伐不断加快，综合实力实现跃升。传统工业向中高端发展，新兴工业加速成长，高新技术产业产值占规模以上工业比重达 42.5%，形成以医药、建筑、机电、化工、造船、建材、新能源等为主体的支柱产业，涌现了扬子江药业、中海油气（泰州）石化有限公司等大型品牌企业。随着长江经济带战略的全面实施和"一带一路"战略的深入推进，泰州的工业发展必将呈现出更加强劲的势头和更加美好的前景。

学习聚焦

你会学到什么？

● 泰州的工业概况
● 泰州的传统工业
● 泰州的新兴工业

为什么你要学习？

　　工业是泰州经济发展的发动机，是拉动 GDP 增长的火车头。泰州工业的发展，对泰州的经济、城市、环境以及百姓的生活、就业等产生重大的影响。

　　泰州工业不断加快产业的转型升级，主动融入"一带一路"、长江经济带建设等重大战略，开放开发水平进一步提升。一批世界知名企业落户泰州投资兴业。近 20 年来，泰州年平均经济增长速度保持在 10% 以上，所辖市、区全部进入全国综合实力百强县的行列。

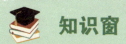

知识窗

支柱产业 支柱产业是指在国民经济中生产发展速度较快，对整个经济起引导和推动作用的先导性产业。支柱产业具有较强的连锁效应，诱导新产业崛起；对为其提供生产资料的各部门、所处地区经济结构的发展变化，有深刻而广泛的影响。

GDP GDP 是国内生产总值（Gross Domestic Product）的简称。国内生产总值是指在一定时期内（一个季度或一年），一个国家或地区的经济中所生产出的全部最终产品和劳务的价值，GDP 是国民经济核算的核心指标，也是衡量一个国家或地区总体经济状况的重要指标。

2015 年，中国 GDP 达 67.7 万亿元，比上年增长 6.9%。2015 年世界 GDP 排名，中国第二。从全国看，江苏 GDP 总量首次迈入 7 万亿大关，位列第二。在 2015 中国城市 GDP 排名 100 强中，泰州排名第 49 位。

1　传统工业

泰州现有各类工业企业数万家，船舶制造、建筑业、不锈钢、减速机、食品行业、纺织行业、化工等传统优势产业不断加强升级改造，保持了持续的发展。

●机电产业

泰州是冰箱及冰箱压缩机生产基地，也是国内著名的减速机生产基地，年产减速机 60 万套，约占国内市场的 70%。泰州的农业机械在国内外享有良好声誉。泰州的柴油发电机远销国外。

● 船舶制造业

泰州是全国第二大造船基地,全国最大的民营造船基地,船舶产业已达千亿级规模。2015 年泰州市造船完工量分别占全国的 15.98% 和全省的 40.33%。围绕造船业,一批配套企业加速集聚。泰州正在向高技术船舶及海工装备等领域转型发展。

泰州造船基地

● 化工产业

泰州市已构建原油加工及石油制品制造、无机碱和无机盐等基础化学品制造、有机化工原料及化学品制造等 7 个重点化工产业链,部分产品在国内乃至全球同行业中都首屈一指。靛蓝系列产品国际市场占有率达 52%;硫胶年产量占全球的 1/3,居世界第一;甲烷氯化物年产量居亚洲第一;聚丙酰烯胺年产量居亚太地区第一;氯二氟甲烷 (F22) 等新型制冷剂市场占有率居国内第一。

泰兴化工园区

知识窗

人类与化工 人类与化工的关系十分密切,在现代生活中,几乎随时随地都离不开化工产品,从衣、食、住、行等物质生活,到文化艺术、娱乐等精神生活,都需要化工产品为之服务。有些化工产品在人类发展历史中,起着划时代的重要作用。它们的生产和应用,甚至代表着人类文明的一定历史阶段。

● 不锈钢产业

兴化市戴南镇形成了一个集合 1000 多家企业、年产值数百亿的特色不锈钢产业集群，涌现出了多家产销过亿元的骨干企业，被誉为"戴南现象"而蜚声省内外。目前，戴南已成为我国最大的不锈钢原材料及制品集散地和亚洲第一、全球第二的钢帘线生产基地，并拥有华东地区最大的不锈钢交易中心。

想一想

我们在日常生活中会用到哪些化工产品？

📚 知识窗

不锈钢起源的故事

在第一次世界大战时期，英国冶金科学家亨利·布雷尔利在研究武器的改进工作时，发明了风靡全球的"不锈钢"，获得了"不锈钢之父"的称号。

那时，士兵用的步枪枪膛极易磨损，布雷尔利想发明一种不易磨损的合金钢。他往钢中加入各种各样的化学元素，夜以继日进行研制，可研制工作却没有进展。他在清理实验废品时，忽然发现了一块银闪闪、亮晶晶的合金钢。他赶紧把实验记载册找出来，发现原来它是铬合金，因为硬度不够被淘汰了。好奇的布雷尔利把它分别放入酸、碱、盐溶液中浸泡，结果表明，它不怕酸、不怕碱、不怕盐，耐腐蚀能力特别强，用它做餐具最合适！于是，他将那块铬合金材料加工成了一把水果刀。这可是世界上第一件不锈钢产品！

● 建筑业

泰州是"建筑强市"，不仅在祖国各地，而且在世界各地，都能看到泰州建筑工人的身影。泰州建筑产业链长、带动力强、贡献度高。2015 年度，泰州本地建筑业从业人员达 40.1 万人，建筑业转移农村劳动力就业达 34.1 万人，占全市乡村人口总数的 8.9%。据统计，2015 年泰州建筑企业荣获"鲁班奖"5 项，完成营业额 3140 亿元，继续保持全省第一方阵的席位；年纳税 114.9 亿元。泰州建筑业总产值超亿元企业达 382 家，其中超 10 亿元企业 60 家。

知识窗

鲁班奖 鲁班奖是我国建筑行业工程质量的最高荣誉奖。鲁班奖的评选对象为我国建筑业企业在境内承包并已建成投入使用的各类新建工程，工程质量应达到国内一流水平。"鲁班奖"有严格的评选办法和申报、评审程序，并有严格的评审纪律。在鲁班奖设立之初，中国建筑业联合会决定每年评选的数额不能超过 20 个。从 1994 年开始，建筑工程鲁班奖评选数额的上限增加到 30 个。

●纺织服装产业

泰州市纺织服装产业已形成较为完整的产业体系，产品包括纱、棉布、棉混纺布、化学纤维布、呢绒、蚕丝织物、服装等，规模以上企业数百家，出口产值位于机电、化工两大产业之后。泰州市涌现出一批颇具特色的品牌产品，如"大地蓝"豪华蚕丝被、蚕丝床上用品组合，"奔仙"丝绸睡衣、丝绸时装、休闲装，吉泰毛纺的高支薄型、特种整理精纺呢绒，维娜针织的时装、泳装和童装等。

辛勤劳动的纺织工人

●乐器产业

泰兴市黄桥镇是"中国提琴产业之都"，有近百家提琴制造企业，数百家乐器配件制造厂，全镇有近三万人从事乐器制造，年产各式提琴百万把，木吉他、电吉他等乐器近百万套，提琴产量占全球 30% 以上。90% 以上的产品出口五大洲的 60 多个国家和地区。江苏凤灵乐器集团被命名为"中国文化产业示范基地"暨"国家文化出口重点企业"。

准备出口的提琴

●食品加工产业

泰州有食品加工企业千余家。泰兴白果，兴化醉蟹，泰州麻油、麻糕、麻饼，靖江肉脯，姜堰鱼圆、鱼饼等闻名中外。中庄醉蟹历史悠久，早在 18 世纪就是闻名遐迩的进京贡品，1898 年在南洋（新加坡）物赛会上被评为一等奖。"双鱼""伊的香"牌猪肉脯、肉松等产品多次获国家金质奖。2014 年，中国第一届全国果蔬食品加工产业博览会在兴化召开。

靖江肉脯

●汽车配件产业

泰州汽车零部件企业千余家，初步形成汽车轮毂及轴承单元、汽车天线、汽车电子、汽车流体管道、汽油发动机等较为完整的产业链。配套车辆包括商用车（大中型客运车、载重卡车、工程车）、小型乘用车（轿车）、特种专用车、农业机械等。近年来，新能源汽车的零部件也已投入研究和生产。汽车天线、齿轮、轮毂、同步器等优势产品在全国乃至全球都拥有较高的知名度和市场占有率。姜堰区被国家科技部命名为"国家汽车关键零部件产业基地"；高港区、靖江市、泰兴市都获得"江苏省汽车零部件产业基地"的称号。高港汽车零部件科技产业园被确认为江苏省科技产业园。

想一想

1. 观察身边的工业产品，看看哪些产品是泰州生产的。
2. 你能说出几个泰州驰名商标吗？

2 新兴工业

泰州生物医药、电子信息、新能源、新材料等新兴工业加速成长。至2015年，新认定高新技术企业近千家。泰州连续五次入选国家科技进步先进市，获批国家创新型试点城市和国家知识产权示范城市。

●生物医药产业

生物医药产业是泰州市新兴产业的亮点。泰州医药高新区正在蓬勃发展，以扬子江药业为代表的医药企业正在迅速崛起，生物医药产销规模全省领先。泰州正在向建设医药名城的目标阔步前进。

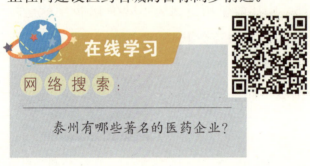

在线学习

网络搜索：

泰州有哪些著名的医药企业？

中国医药城

泰州医药高新技术产业开发区是我国首个国家级医药高新区。总体规划面积30平方千米，由科研开发区、生产制造区、会展交易区、康健医疗区、教育教学区、综合配套区等功能区组成，致力于打造中国规模最大、产业链最完善的生物医药产业基地，重点打造疫苗、诊断试剂及高端医疗器械、生物制药、化学药新型制剂、中药和保健品产业等五大产业基地。至2015年，区内已集聚国内外50多家知名大学和医药研发机构，阿斯利康、武田制药、勃林格殷格翰、石药集团、海王药业等数百家国内外知名医药企业先后落户；500多项"国际一流、国内领先"的医药创新成果成功落地申报；1800多名海内外人才正式加盟，其中国家"千人计划"人才30余人，江苏省"双创"人才近百人；符合国际标准规范的新药创制、动物实验、新药检测、新药中试、临床试验、数据管理分析等专业平台建成运行；国家一类新药投资基金、生物医药产业母基金得到落实，覆盖产业全过程的公共服务平台正加快设立。中国医药城是国家新型工业化产业示范基地，已经成为国际生物医药企业在中国投资兴业的首选区。

知识窗

大健康产业 大健康是指关注人的衣食住行以及人的生老病死，关注影响健康的各类危险因素和误区，对生命全过程进行全面呵护，让人们健康长寿，不得病或少得病，提高生命质量。美国经济学家保罗·皮尔泽认为，继"机械化时代""电气化时代""计算机时代""信息网络时代"之后，"健康保健时代"已经到来。健康产业也将成为继 IT 产业之后的全球"财富第五波"。当前，泰州正以中国医药城为重点，大力发展集"医、药、养、游"于一体的大健康产业。泰州发展大健康产业有着良好的基础：泰州是全国文明城市，宜居宜游；中国医药城拥有专业化服务水平，宜医宜养。泰州将在推进大健康产业发展之路上，切实把先发优势转化为决胜长远的竞争优势。

想一想

你们家的常备药中，有哪些是泰州的药业公司生产的？你是如何理解"用科技捍卫健康"的？

● **新能源产业**

我国新能源发展走在世界前列。截至 2015 年，我国风电、太阳能发电累计装机容量 1.7 亿千瓦，超过全球的四分之一。泰州新能源产业发展迅速，已形成光伏发电、高能电池和新能源装备制造三大产业集群，产品向系列化、集成化、高端化延伸，不少产品填补了国内空白。

鱼塘上的太阳能发电站

知识窗

新能源 能源分常规能源和非常规能源两种。常规能源指已经广泛利用的煤炭、石油、天然气、水能等能源。非常规能源又称新能源，是指传统能源之外的各种能源形式。新能源一般是指在新技术基础上加以开发利用的可再生能源，包括太阳能、生物质能、风能、地热能、海洋能（波浪能、洋流能、潮汐能）以及核能、氢能等。

想一想

新能源的大力推广对治理雾霾天气有作用吗？为什么？

光伏发电

随着发电成本的越来越低，光伏发电在中国有着长远的发展前景，是不可替代的能源。泰州在光伏原材料加工、光伏组件生产、光伏系统集成，光伏电站的设计、建造与维护等方面，形成了比较完整、系统的产业结构。光伏发电的规模可大可小，甚至家庭也可以安装光伏发电设备，所发的电力还可以上电网。至 2015 年，泰州市已有 79 户家庭尝试光伏发电，市民利用自家楼顶安装光伏发电设备，年上网电量在 14 万度左右，不仅可满足自家用电需要，电如果用不完，还可以卖给国家电网。

高能动力电池

泰州在以锂电池、太阳能电池、燃料电池为代表的新型电池产业方面取得了不少创新成果，新型电池产业步入了高速成长期。2015 年，投资数十亿元的 2GW 高效单晶太阳能电池项目落户泰州。在车用动力电池领域，泰州研发的系列锂离子动力电池，在能量密度、高功率、宽温区、长寿命、安全可靠，以及持续充、放电和瞬间高功率充、放电等方面均取得了创造性突破，现该产品已广泛应用于纯电动和混合动力汽车。

高能动力锂电池

几种新型电池

锌银电池 通称为银锌电池，采用氢氧化钾或氢氧化钠为电解液，由银做正极材料，锌做负极材料。锌银电池主要优点是比能量高。适宜于大电流放电的锌银电池应用于军事、航空、移动的通信设备、电子仪器和人造卫星、宇宙航行等方面。制成纽扣式微型的锌银电池应用于电子手表、助听器、计算机和心脏起搏器等。

锂电池 以锂作为负极的电池都叫锂电池。锂电池的主要优点是在较小的体积或自重下，能放出较大的电能，放电时电压十分平稳，储存寿命长，能在很宽广的温度范围内有效工作。由于锂电池存在起火隐患，更安全的新型锂电池正在研究中，如新型石墨烯薄膜锂离子电池。嵌有石墨烯涂层镍微粒的聚合物薄膜就是一种全新的电池组件，可以较好解决安全问题。

太阳能电池 太阳能电池是通过光电效应或者光化学效应直接把光能转化成电能的装置。具有可靠性高,寿命长,转换效率高等优点,可做人造卫星、航标灯等的电源。第一代太阳能电池是晶体硅电池，第二代太阳能电池是各种薄膜电池，第三代太阳能电池也不断研究出来。据报道，一种比常规单晶硅太阳能电池发电效率提高30%的新型高效太阳能电池——高效异质结太阳能电池即将在我国实现量产。据科学家研究，纳米线可吸收比普通太阳光强度高14倍的太阳光。科学家预测，未来纳米线在太阳能电池领域有巨大的发展潜力。

新型燃料电池 该燃料电池的核心并非内燃技术，其主要依赖于电化学反应，而催化的核心物质就是钼系金属，它能将任何类型的液体燃料转化为电力。这款燃料电池具有能节省更多燃料，降低有害气体的排放以及减低噪声等优秀特质。该项技术有望为电动飞机和电动汽车提供更为高效的能量来源。

在线学习

知识搜索：

了解电动汽车的发展。

我的太阳能小车

活动目的：亲手制作一辆太阳能小车，体会太阳能的作用，培养动手能力。

活动步骤：

1. 准备材料：太阳能电池板（可从废弃的玩具上拆下来，包括电路）、电动马达、齿轮，制作小车的木片、铁丝等。

2. 先制作小车，确保后轮轴齿轮与电动马达齿轮吻合，将太阳能电池板固定在小车顶部，电路与马达相连。

3. 装饰除太阳能板以外的小车外壳，做一个时尚、炫动的太阳能小车。

4. 在阳光较好的时候进行实验，充分考虑到小车可能出现的问题，进行修正。

5. 向你的朋友展示一下你的创新成果吧！

活动提醒：

1. 材料尽量拆用自己的旧玩具或科学课配发的材料，少产生垃圾，保护环境。

2. 可以与同学分工合作，组装完成。

想一想

与传统汽车相比，纯电动汽车有哪些优势？

●电子信息产业

泰州市电子信息企业已有200多家，逐步形成以便携式电脑为重点的 IT 产业体系，以嵌入式软件为主的软件产业体系，以及电子元器件产业体系。"十三五"期间，泰州将重点发展高端光电和新型平板显示器，努力形成国内技术领先优势和产业规模效应。

知识窗

电子信息产业 电子信息产业是研制和生产电子设备及各种电子元件、器件、仪器、仪表的工业。由广播电视设备、通信导航设备、雷达设备、电子计算机、电子元器件、电子仪器仪表和其他电子专用设备等生产行业组成。

●新材料产业

泰州重点发展新能源材料、复合材料、电子信息材料、生物医用材料、新型功能材料等五大新材料产业。

钢帘线

钢帘线是橡胶骨架材料中发展最为广阔的产品，也是金属制品中生产难度最大的产品。世界各国广泛使用钢帘线作为汽车轮胎的增强材料，并大量用于运输带、齿形带、高压胶管、自动楼梯扶手等橡胶制品中。泰州拥有完全自主知识产权的钢帘线技术，是钢帘线行业和国家标准的制定者，正努力成为轮胎用钢帘线全球主导供应地。

兴达钢帘线车间

在汽车轮胎中使用钢帘线有什么作用？

石墨烯

石墨烯在光、电、热、力等方面具有优异性能，应用十分广泛，被誉为颠覆未来的一种战略性新兴材料。泰州在石墨烯的研究及生产上已抢得先机。规模为1亿元的"东旭—泰州石墨烯产业发展基金"的成立，必将加快石墨烯产业在泰州的集聚发展。早在2011年，泰州就成立了国内首个石墨烯研究及检测平台，主要为泰州乃至全国的石墨烯产业服务。泰州石墨烯研究及检测平台拥有国际先进的新材料性能检测及结构表征设备，设有多个专业实验室，如石墨烯制备和性质研究实验室、石墨烯锂电池应用实验室、石墨烯超级电容器应用实验室、石墨烯透明导电膜实验室、石墨烯复合材料实验室、石墨烯电子器件实验室等。2013年，泰州石墨烯研究及检测平台成为国家级石墨烯研究及检测公共服务平台，并负责制定石墨烯产品标准。该平台成功入选2014年度国家火炬计划。截至目前，该平台已颁布石墨烯企业标准19项。

什么是石墨烯？

石墨烯是一种由单层碳原子构成的正六边形"蜂窝状"薄膜。石墨烯是世界已知的最薄、最精密的纳米材料，20万片石墨烯加在一起，才相当于人类的一根头发丝粗细。其强度是钢的100多倍，电子传导率是硅材料的140倍。英国曼彻斯特大学教授安德烈·海姆在2004年与学生诺沃肖洛夫合作，从石墨中剥离出只有一个原子厚度的二维材料石墨烯，从而为人类开创了从"硅时代"迈向"碳时代"大门的可能性。安德烈·海姆因此获得诺贝尔奖。

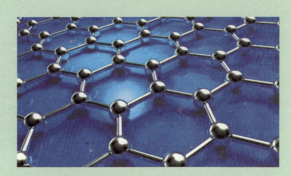

石墨烯薄片结构示意图

超高分子量聚乙烯钢骨架复合管

与其他材质的管道相比，泰州生产的超高分子量聚乙烯钢骨架复合管的承压能力、抗冲击性、耐磨性、耐腐蚀性、耐疲劳性、耐低温性和自润滑性都成倍地提高，而工程造价却大幅度降低。该系列产品正以卓越的使用性能和安全可靠性，在各个行业，特别是在油田、煤矿、矿业、电力、化工、供水等工业和核（热）电、江河疏浚等领域日益发挥出重要作用，倍受用户的青睐。

●节能环保产业

节能环保产业为节约能源资源、发展循环经济、保护生态环境提供物质基础和技术保障，该产业是国家加快培育和发展的战略性新兴产业之一。近年来，泰州市年节能环保产业销售总额达数百亿元，大功率高压电机、超高效防爆电机、蓄热式工业炉、LED照明等一批产品处于国内领先水平，多款高效节能产品成功入围国家"节能产品惠民工程"。

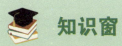

知识窗

节能环保产业 指为节约能源资源、发展循环经济、保护环境提供技术基础和装备保障的产业，主要包括节能产业、资源循环利用产业和环保装备产业，涉及节能环保技术与装备、节能产品和服务等；其六大领域包括：节能技术和装备、高效节能产品、节能服务产业、先进环保技术和装备、环保产品与环保服务。

想一想

我们的日常生活中用到了哪些节能环保产品？

开心活动

社会调查

活动目的：了解地方工业和工人生活。

活动步骤：

1.了解当地有哪些著名工业企业。

2.你有哪些亲友在工厂工作？

3.这些工厂主要的产品是什么？

4.了解这些亲友的工作岗位和生产技能。有条件的可进厂参观。

5.写出调查报告。

活动提醒：注意安全。

总 结

工业概况

传统工业

- 机电产业
- 船舶制造业
- 化工产业
- 纺织服装产业
- 乐器产业
- 不锈钢产业
- 建筑业
- 食品加工产业
- 汽车配件产业

新兴工业

- 生物医药产业
- 新能源产业
- 电子信息产业
- 新材料产业
- 节能环保产业

自我检测

1. 解释：石墨烯、节能环保产业。

2. 列举：生活中常见的新能源。

3. 描述：泰州生物医药产业发展的现状。

4. 实践：参观一家本地著名企业，写一篇观后感。

第三节　　　　旅游兴起

泰州　　　　旅游业初具规模，特色不断彰显。5A级溱湖风景区入选国家生态旅游示范区。泰州凤城河风景区是江苏省唯一的国家级城市中央休闲区，天下第一水上庙会溱潼会船节被列为全国十大民俗节庆，兴化千垛菜花被评为"全国最美油菜花海"。泰州是美食天堂，烫干丝、鱼汤面、油炸臭干、蟹黄汤包、姜堰酥饼、宣堡小馄饨、黄桥烧饼等特色小吃，令人垂涎欲滴。"水城慢生活"，令人无限向往。2015年，全市旅游业实现总收入250亿元，接待游客2089万人次。

学习聚焦

你会学到什么?

● 泰州著名的旅游景点
● 与旅游景点相关的历史文化知识

为什么你要学习?

认识泰州的旅游景点，其实是对泰州历史和文化的一次回眸。在这个过程中我们能更深刻地了解泰州，更进一步感受我们家乡的文化底蕴和美丽风光。

1　旅游概况

泰州是中国历史文化名城，旅游景点众多。有千年古刹光孝寺、施耐庵陵园、郑板桥故居、梅兰芳公园等人文景观；有溱湖风景区、秋雪湖风景区、泰兴银杏群落森林公园、引江河国家水利风景区等自然生态景观；有黄桥战役纪念馆、海军诞生地旧址及纪念馆等红色旅游景点；更有"溱潼会船甲天下"的中国溱潼会船节，中国梅兰芳京剧艺术节，中国泰州水城水乡国际旅游节，郑板桥艺术节，溱湖八鲜美食节，靖江江鲜、汤包美食节等节庆活动。整个泰州弥漫着浓厚的文化气息。旅游业已成为泰州的支柱产业和新的经济增长极。

泰州打造健康旅游胜地

　　泰州致力于"养＋文"做精游，打造健康旅游胜地。围绕"康泰之州、富泰之州、祥泰之州"整体形象定位和"泰州太美，顺风顺水"城市品牌，推动养生养老与特色文化相融合，发展健康旅游业。一是依托凤城河、三水湾等城市文化生态片区，挖掘弘扬以梅兰芳、柳敬亭、孔尚任为代表的丰富戏曲文化，开发推广休闲度假旅游项目产品，打造以凤城河景区为核心的城市文化休闲区。二是依托温泉、湿地、农业等生态文化资源，加快体验性、参与性和休闲性项目建设，打造以溱湖湿地、华侨城、现代农业园区、千垛菜花等为载体的温泉养生度假城和健康生态旅游区，创建国家旅游度假区。三是依托中医、美食资源，开发一批康复理疗、养生保健、药膳食疗等产品项目，建设泰州养生美食林。四是依托中国医药城加快启动康健医疗区建设，以预防医学为基础，结合休闲、安养、心理咨询等服务，打造集娱乐、健身、文化于一体的多功能健康旅游综合体。

在线学习

网 络 搜 索：

　　泰州哪些酒店是四星级？哪个酒店是五星级？

　　"泰州太美，顺风顺水"和"水城慢生活"的旅游口号响遍全国和世界，泰州的旅游形象得到游客的赞誉。游客至上，诚信第一，服务规范，热情周到是泰州旅游的服务宗旨，坚持"城市即旅游，旅游即城市"、城旅一体的发展理念，城市旅游功能不断完善、提升，旅游发展软硬条件不断优化，"快旅慢游"的旅游公共服务体系正在形成。泰州出台旅游诚信规范，努力让游客吃住行游购娱均满意。国家诚信旅游示范城市正在创建中。全市酒店星罗棋布，据初步统计，三星级酒店21家，四星级酒店5家，五星级酒店1家，能满足各种层次游客的需要。

泰州正成为长三角旅游休闲度假胜地和国内一流的旅游目的地。

望海楼夜景

稻河古街区

泰州特色小吃

烫干丝 泰州早茶中最具特色的小吃。烫干丝如何制作呢？先把豆腐干切成细丝，倒进沸水里，投入碱水，反复冲烫。"烫"是制作烫干丝的关键，烫的时间要恰到好处，使干丝看上去白白嫩嫩，夹在筷子上弹性十足，入口又细腻软滑。然后撒上姜丝、香菜、胡萝卜丝、花生米、榨菜丁等辅料，最后把特制的调料倒在干丝上。一份烫干丝，高高尖尖一盘子，花团锦簇，金灿灿的是姜丝，白嫩嫩的是干丝，绿油油的是香菜，再加上褐色的调料，清爽悦目。

鱼汤面 泰州民间常有"吃碗鱼汤面，赛过老寿星"之说。泰州鱼汤面的特点是：汤浓、味鲜、面香。虽是区区一碗汤面，却是处处考究，煞费苦心。最为关键的则是制作鱼汤。取鳝鱼骨用荤油反复烹炒后，加进大块猪骨，同锅猛火煮烧，小火煨煮。经过熬制后，鱼汤醇厚，色白如乳，肥而不腻，鲜而不腥。面条下熟后，以冷水"过桥"。碗中放好底料，再舀两勺雪白如脂的鱼汤。表面看来，全无热气。其实，轻轻啜汤，但觉一股热流，徐徐入喉，厚实地道，鲜美无比。有诗赞曰："玉汁浓稠鳝骨香，啧啧称誉满城厢。葱花蒜末金焦醋，嫩生荸荠翡翠光。"

蟹黄汤包 泰州蟹黄汤包数靖江的名气最大。靖江蟹黄汤包至少已有两百多年的历史了，是全国六大名包之一。因其"皮薄光洁，汤足如泉，浓而不腻，味厚鲜美"而被誉为靖江一绝。靖江汤包制作工序有十几道之多。做包子馅很复杂，需将猪皮切细，文火煨一夜，至猪皮完全溶入汤中，再冷却成为透明果冻一般的胶状物。选用鲜活而硬实的大蟹，取其蟹黄和剁碎的猪腿肉，熬好的鸡汁、姜丁、蒜末一起放入猪皮熬成的胶冻内拌匀。包汤包，需要老师傅才能胜任。至于吃汤包更需要一点技巧：轻轻提，慢慢移，先开窗，后喝汤。如此，吃汤包便蕴含着一份独特的情趣，一种无可替代的韵味。

黄桥烧饼 黄桥烧饼有着悠久的历史和优良的传统工艺。黄桥烧饼或咸或甜，既保持了古代烧饼香甜两面黄，外撒芝麻内擦酥的传统特色，又从一般的"擦酥饼""麻饼""脆烧饼"等普通品种，发展到葱油、肉松、鸡丁、火腿、橘饼、桂花、豆沙、虾米等十多个不同馅料的精美品种。还有按季节不同生产的应时品种，如韭菜烧饼、萝卜丝烧饼、蟹黄烧饼等。烧饼出炉，色呈蟹壳红，不焦不煳不生，香酥可口，不油不腻。2003年荣获"中华民族小吃"的称号，2004年荣获"江苏食品博览会金奖"，2005年被评为泰州市名牌产品，是江苏特色小吃之一。

知识窗

观光农业

　　观光农业，是一种以农业和农村为载体的新型生态旅游业。近年来，伴随全球农业的产业化发展，人们发现，现代农业不仅具有生产性功能，还具有改善生态环境质量，为人们提供观光、休闲、度假的生活性功能。随着收入的增加，闲暇时间的增多，生活节奏的加快以及竞争的日益激烈，人们渴望多样化的旅游，尤其希望能在典型的农村环境中放松自己。于是，农业与旅游业边缘交叉的新型产业——观光农业应运而生。泰州生态观光农业已具相当规模，海陵区已成功举办多届农业观光旅游节。泰州有省星级乡村旅游点 52 个。泰州田园牧歌景区被评为全国休闲农业与乡村旅游五星级示范园区、省首批乡村旅游创新项目。兴化万亩荷塘风景区，荣获省三星级乡村旅游区称号。泰兴市宣堡镇、曲霞镇印达村创成省级特色旅游景观名镇（村），泰兴市黄桥镇祁巷村、靖江市生祠镇东进村被评为中国乡村旅游模范村，姜堰区溱湖绿洲被评为中国乡村旅游模范户，18 家单位被评为中国乡村旅游金牌农家乐。

万亩荷塘

秋雪湖多彩稻田

2 旅游景点

● 中国人民解放军海军诞生地纪念馆

位于泰州市高港区白马镇。纪念馆分为海军诞生地旧址和新馆两部分。旧址原为白马庙王氏庄园，现存清式二层小楼一座及平房数间，楼上为三野渡江战役指挥中心会议室，楼下为粟裕、张震、张爱萍三位将军的卧室

中国人民解放军海军诞生地纪念馆

兼办公室。1949 年中国人民解放军准备渡江时，渡江战役东线指挥部便设于此。1949 年 4 月 23 日，中国人民解放军华东海军在这里宣告成立。1989 年 3 月，中央军委确定以华东军区海军的成立日为中国人民海军的成立日，1949 年 4 月 23 日就成为中国人民解放军海军诞生日。泰州白马庙由此成为中国人民海军的诞生地。1999 年 4 月，中国人民解放军海军诞生地纪念馆新馆正式落成。时任中央军委主席江泽民题写了馆名。2006 年被公布为全国重点文物保护单位。新馆主体建筑新颖别致，酷似军舰。广场上陈列一批从海军退役的飞机、雷达、机关炮，展厅中利用高科技及现代艺术手法再现"白马建军、威震海疆，奋勇向前、鱼水情深"的海军诞生与成长历程的图片资料，陈列了舰、炮、航模、服装、训练器材及渡江木船等大量实物，图文并茂，生动形象，展示了中国人民海军从泰州白马庙诞生至今发展壮大的光辉历程。2015 年，中国人民解放军海军政治委员苗华来泰考察海军诞生地纪念馆，并向纪念馆赠送了辽宁号航空母舰模型。

想一想

泰州不在海边却是"海军诞生地，水兵母亲城"，你能解释吗？

知识窗

泰州舰 泰州舰是我国一艘新型现代化舰，作为以海军诞生地命名的战舰，泰州舰始终坚持按照"听党指挥、能打胜仗、作风优良"的要求建舰育人，始终不忘水兵母亲城人民的期待，聚焦能打胜仗，全面建设稳步提升。2015 年以来，泰州舰出岛链闯大洋，坚守作战一线，出色完成了一项又一项光荣而艰巨的任务。泰州舰是泰州流动的窗口，是泰州人民的骄傲。

泰州舰

●凤城河风景区

凤城河景区是位于泰州市城区中心的国家 4A 级旅游风景区，拥有望海楼、桃园、梅园、柳园、碑苑、州城遗址、老街等 30 多个景点，以望海楼为中心，四面辐射，汇集了泰州历史、戏曲、民俗、商贾四大特色文化。风景区四面环水，因水成趣，将江南水乡的特色展现得淋漓尽致，集中而又完整地体现了一种全国稀缺的都市水韵，彰显了泰州悠久的历史文脉。凤城河风景区将历史与当代、自然景观和人文特色融于一体，吸引着来自世界各地的游客。

凤城河夜景

知识窗

重修望海楼记
范敬宜

　　泰州，汉唐古郡，襟江负海，壤沃物阜，人杰地灵。予先祖范文正公曾为泰州西溪盐官，而滕子京为泰州海陵从事，尝把酒赋诗，以相酬酢。公有"君子不独乐"等句，其"先忧后乐"之意，已呼之欲出。历二十余载，乃有《岳阳楼记》问世，发浩音于四海、振遗响于百代。泰州城东南有楼，名曰望海，始建于宋，为一郡之大观。历代名贤，多唱和于此。故前人称斯楼为"吾邑之文运命脉"，洵非虚语。元明以降，兵连祸结，斯楼屡建屡毁，不胜其叹。岂楼之兴废，或亦有关国运之盛衰乎？

　　今逢盛世，遂有重修望海楼之举。公历二零零七年秋，巍然一楼飞峙泰州凤城河之滨，上接重霄，下临无地，飞甍浮光，崇阶砌玉，其势可与黄鹤楼、滕王阁媲美，允称江淮第一楼。望海楼之再兴，岂独泰州一邑"文运命脉"之象征哉！

　　予登乎望海一楼，凭栏远瞩，悄然而思：古之海天，已非今之目力所及；而望海之情，古今一也。望其澎湃奔腾之势，则感世界潮流之变，而思何以应之；望其浩瀚广袤之状，则感孕育万物之德，而思何以敬之；望其吸纳百川之广，则感有容乃大之量，而思何以效之；望其神秘莫测之深，则感宇宙无尽之藏，而思何以宝之；望其波澜不惊之静，则感一碧万顷之美，而思何以谐之；望其咆哮震怒之威，则感裂岸决堤之险，而思何以安之。嗟夫，望海之旨大矣，愿世之登临凭眺者，于浮想之余，有思重建斯楼之义。是为记。

（范敬宜先生是范仲淹第二十八代孙）

网络搜索：

　　清代戏曲家孔尚任曾驻节泰州，寓居陈庵时写有《陈庵记》。陈庵现在桃园内。上网查找孔尚任所写《桃花扇》，了解这部剧作所讲的故事。

●日涉园（乔园）

　　始建于明代，是苏北地区现存最古老的园林之一。明万历年间，太仆寺卿陈应芳倚宅建园，取晋陶渊明《归去来辞》中"园日涉以成趣"句意，命名为"日涉园"。该园建成后数易其主，亦多次更名。清康熙初转归田氏，雍正年间归高凤翥（zhù），易名三峰园；咸丰九年（1859年）吴文锡购得此园，更名蛰园；后转入两淮盐运使乔松年名下，因称乔园，这个名称一直沿用至今。

日涉园·古柏

日涉园 ·来青阁

　　日涉园规模不大，但布局紧凑，层次分明，园内石谷林泉呼应成趣，楼阁轩亭相映生辉，花草松竹点缀其间，颇具江南园林之神韵。整个园林以山响草堂为中心，南部凿池叠山以成主景，北部辟有庭园。草堂前，池水蜿蜒，山石环抱，主峰上立着三枝石笋，亦似三柄长剑，直指天空。

　　日涉园最大的特色是注重花木的配置，各建筑物的命名也往往与此有关，例如二分竹屋、皆绿山房、松吹阁、因巢亭、蕉雨轩、文桂舫等。其中核心景区以乔木为主，假山之上古柏重点突出；松吹阁、因巢亭等高阁旁多辅以高松、梅林；山坳后隐藏竹、屋，庭前后栽蜡梅、丛桂，轩周围多牡丹、芭蕉。

●梅园

梅园坐落在市区有着美丽传说的凤凰墩上，馆名匾额由前国家主席李先念题写。洁白的汉白玉梅兰芳大师坐像，栩栩如生。

梅兰芳史料陈列馆，陈列着大量大师生前活动照片和实物。展区分为"梅开中华""梅香四海""梅骨铮铮""梅德如玉""梅根泰州"5大展区，展示了梅兰芳光辉的人生和德艺双馨的艺术家风范，反映了他高尚的人格、爱国主义情怀以及他和泰州血脉相连的渊源。园内多梅树。梅亭为五角梅花形，飞檐、亭柱、坐槛无不以梅为形。檐下枋子里侧，嵌刻着大师《贵妃醉酒》等五出代表戏的木雕戏剧场面。

梅兰芳公园

 知识窗

凤凰墩 凤凰墩位于原泰州东门，三面环水，四季常绿，鸟语花香。游人至此，赏心悦目，心旷神怡。相传古时候，曾有一只美丽的彩凤栖息在此，"有凤来仪"是祥瑞之兆，凤凰墩因此而得名。据考证，梅兰芳先生的祖居就在凤凰墩附近的鲍家坝。1984年梅兰芳先生诞辰90周年之际，泰州人民政府决定在此修建梅兰芳纪念馆，以表达泰州人民对梅兰芳先生的敬仰之情。梅兰芳先生就是泰州人民心中的凤凰。

●泰州老街

泰州老街位于泰州古城的凤城河畔。老街是一条文化街，青砖黛瓦，有旧民居门楼、麻石街巷、戏院书场，绵延600米。成串的大红灯笼挂满古色古香的骑楼长廊，充满吉祥和谐的文化元素。老街文化庙会把具有泰州地方特色的文化演艺活动呈现给广大游客。腾飞的巨龙，传统的高跷，咚咚的腰鼓，地方的戏曲，翻滚的莲湘，变幻的魔术，众多民俗表演项目轮番登场。在老街也可欣赏到面塑、糖塑、叠纸、微雕等绝活。老街游人如织，人声鼎沸，锣鼓喧天，成为欢乐的海洋。老街又是一条小吃街，满街飘香的泰州特色小吃，让人垂涎欲滴。游人来到老街，一定不能错过的便是令人津津乐道的黄桥烧饼、靖江汤包、泰州干丝、溱湖八鲜、蟹黄汤包、鱼汤面等特色美食，百余家传统风味小吃店和特色菜馆家家客满，好一派热闹景象。

泰州老街

想一想

你尝过哪些泰州特色小吃？
你最喜欢的家乡的味道是什么？

●溱湖湿地公园

国家级湿地公园，5A级景区。景区规划总面积26平方千米。溱湖又名喜鹊湖，从四面八方通达湖区的主要河流有9条，形成"九龙朝阙"的奇异景观。湖水如歌，绿岛如诗，蒲草丰茂，野凫绕船。园内现有野生植物150多种，野生动物90多种（包括麋鹿、丹顶鹤、扬子鳄等珍稀物种）。公园每年举办"溱潼会船节""湿地生态旅游节""溱湖八鲜美食节"等活动。传说南宋时期岳飞的义军曾与金兵激战于溱湖，由此溱湖百姓于每年清明节来此祭奠，久而久之，演绎成一年一度的天下第一水上庙会——中国姜堰溱潼会船节，2002年被国家旅游总局列为中国十大民俗文化节庆之一。每年会船节，四乡八镇的数百船只，上万船民云集溱湖。沿湖岸边，人流如潮，呼声如雷，观众游客超过十万人。再看水面，旗如海，篙如林，千舟待发，鼓乐喧天。贡船、花船、拐妇船应有尽有，秧歌、社戏、舞龙灯各领风骚，尽态极妍，热闹非凡。恢宏壮观的场面，惊心动魄的争赛，多姿多彩的表演，堪称民俗文化之大观，被海内外人士盛赞为"天下会船数溱潼"。"千篙万桨闹溱湖、万众欢腾庆盛会"的壮观场面，充分彰显水乡自然生态之美、人文风情之美、旅游景观之美、会船民俗之美。

溱湖湿地公园

● 李中水上森林公园

位于兴化市李中镇，是江苏省最大的人工生态森林。李中水上森林占地面积2000亩，其中森林面积1050亩，水面面积950亩。景区林木以池杉为主，白鹭、黑杜鹃、猫头鹰、喜鹊等鸟类常年栖息其中。园内水系丰富，河道纵横，形成了"河流回环，水杉林立"的景观。水，是水上森林的灵魂；绿，是水上森林的生命底色。在这里，水和森林共处，是如此的和谐、神秘。李中水上森林是天然的生态氧舱，是都市人回归自然、休闲度假的好去处。景区树木参天，树梢飞鸟欢聚，沟内鱼儿跳跃，林内一片生机。林中鸟类平时有3万多只，最多时有6万多只。这里的鸟鸣，不是麻雀的叽叽喳喳，也不是乌鸦的呱呱聒噪。它们的叫声，有的短促，有的悠长；有的清脆，有的嘹亮；有的婉转，有的高亢……浑然一体，交织成一曲优美的和弦在林中回荡。黄昏时分，百鸟归巢，遮天蔽日，蔚为壮观。水上森林的景点有"好汉林""森林迷宫""闻莺桥""落鹜亭""小九寨沟"等。或沿木甬道穿行林间，尽享林间清风，令人飘飘欲仙；或乘木筏漂流，缓缓划行于密林的沟汊间，船在林中行，云在水中飘，会蓦然惊起林间水滩上栖息的水鸟扑棱棱地飞起而去，令游人领略无限野趣。在李中水上森林公园内，游人可以处于一种非常放松的状态，无论是在漂流的木筏上，还是走在崎岖不平的林间栈道上，都足以让人抹去世俗尘烟的灰烬，让身心彻底放松，与自然对话，与心灵沟通。

李中水上森林公园

●千垛菜花风景区

位于兴化市缸顾乡，总面积近万亩。这里地形奇异，地貌独特，河沟纵横交错，垛岸星罗棋布，千姿百态的垛田形成了上千个湖中小岛，又如无数精致盆景漂浮于碧波之上。每年的清明前后，金黄色的油菜花盛开于垛田之上，千百个垛田漂浮于水中，在水面上形成一片金黄色"花海"，犹如一朵朵彩云飘舞于水面，又似一片片流霞散落在人间，景色壮观，美不胜收，令人叹为观止。千垛菜花风景区已入选"世界最美油菜花海"，与享誉世界的法国普罗旺斯薰衣草园、荷兰郁金香花海、日本京都樱花并称，跻身全球四大花海之列。

关于千垛的形成，也有着神奇的传说。据传北宋年间，这里还是一片荒无人烟的沼泽，岳飞率领岳家军在此与金军作战，把金军打得焦头烂额。金国元帅金兀术为了防御岳家军，就在营寨四周开挖八卦形战壕，将开挖的泥土堆成土丘、土圩，作为防御屏障。后来战壕成了河汊和水沟，土丘、土圩成了四周环水的小岛。实际上，在土地缺乏的兴化泽国水乡，是勤劳的先民们从水下取土，一方一方堆积成垛。垛田一般面积都不大，不适宜种植水稻、小麦等粮食作物，而以种植蔬菜为主。现在的垛田，不仅春有菜花，而且秋有菊花，"春看菜花秋赏菊，春吃鱼虾秋品蟹"成为垛田的名片。

千垛菜花

●口岸雕花楼景区

坐落于口岸水景街区，以古雕花楼为中心，包括枕涛榭、观澜阁、沐雨舫等数个园林特色景观，集中展示了苏中地区杰出的木雕、石雕和砖雕艺术。

口岸雕花楼，素有"苏北第一楼"的美称，是典型明清风格的雕刻建筑。该楼始建于清代乾隆四年（1739年），即现在的东楼，建楼的主人是口岸镇一位姓姚的木材商人。民国初年，该楼易主为从事港口运输发家的当地富豪李松如。李氏对该楼进行扩建。在旧楼的西侧仿建了一座同样风格的后楼，而且还在新旧两楼间加建了两座厢楼，使原来单一的楼房变成了一座四方楼。李氏在扩建楼屋和园林时，不惜重金，请来名匠，精心改建，历时3年多方建成。正屋、厢房的门窗，二楼的回廊、立柱、栏杆、檐壁……全由雕花构件组成，有飞禽走兽，有四季花卉，有历史人物，精湛的雕刻技艺与超凡的构思，令人叹为观止。

雕花楼的特色，一是题材广泛，民间所有表现祥瑞的传统图案几乎都和谐地显现在各个构件上。二是工艺精湛，木雕的各种表现手法，如圆雕、透雕、浅浮雕、高浮雕、镂空雕及线刻几乎都能看到。三是布局讲究，如天井四周格扇的隔心，楼上的全是圆的，楼下的都是方的，象征"天圆地方"。四是雕件多样化，除了木雕，另有砖雕、塑雕。如屋面正脊中央与两头都有"福禄寿三星""麒麟送子""凤凰牡丹"等灰塑花纹。这是当年工匠用糯米汁、熟石灰、草木灰等拌和成青白色膏泥堆塑出来的。

2002年，雕花楼被江苏省政府公布为省级文物保护单位。

口岸雕花楼

●泰兴古银杏森林公园

坐落于有"天下银杏第一镇"美誉的宣堡镇，占地总面积为1600公顷，森林覆盖率65.3%。公园内现有银杏树20余万株，其中挂果树15万余株，百年以上树龄1.1万株，200年以上树龄5226株，千年古银杏2株。 2013年，荣获国家级古银杏森林公园称号。泰兴古银杏公园是全国面积最大、数量最多、树龄最高、林相最佳、保护最好的古银杏群落。 延绵的古银杏树郁郁葱葱，犹如华盖云集，形成了独特的银杏森林风景。在这里，四季景色各有千秋：春季嫩枝照绿，入夏浓荫遮日，秋天金果累累，寒冬银枝傲天。无论哪个季节，漫步其中，都让人赏心悦目，心旷神怡，如同享受着一场"银杏森林浴"。有关专家称其为"世界绝无、中国仅有"，并誉之为"自然之奇迹，休闲之胜地"。银杏公园自建成以来，已接待亚、非、欧、美等多个国家的专家、学者和各地无数游客。

泰兴古银杏森林公园

知识窗

　　银杏　银杏属落叶乔木，是第四纪冰川运动后遗留下来的裸子植物中最古老的孑遗植物，和它同纲的所有其他植物皆已灭绝，现存活在世的银杏稀少而分散，上百岁的老树已不多见，所以银杏又有活化石的美称。银杏树的果实俗称白果，因此银杏又名白果树。银杏树生长较慢，寿命极长，有"千年银杏"之称。银杏树可以长到很高，贵州省内有一棵40米高的银杏树，甘肃还有一棵60米高。自然条件下从栽种到结果要20多年，40年后才能大量结果，因此又有人把银杏树称作"公孙树"，有"公种而孙得食"的含义。

　　银杏具有观赏、经济、药用价值。白果养生延年，银杏果在宋代被列为皇家贡品。日本人有每日食用白果的习惯。西方人圣诞节必备白果。就食用方式来看，银杏主要可炒食、烤食、煮食、配菜等，银杏果还可制作糕点、蜜饯、罐头、饮料和酒类。银杏有祛痰、止咳、润肺、定喘等功效，但大量进食后易引起中毒。据《本草纲目》记载："熟食温肺、益气、定喘嗽、缩小便、止白浊；生食降痰、消毒杀虫。"现代科学证明：银杏种仁有抗大肠杆菌、白喉杆菌、葡萄球菌、结核杆菌、链球菌的作用。

想一想

上述景观中，哪些属于天然景观？哪些属于文化景观？

　　在地理学中，景观一般指地球表面各种地理现象的综合体，可以分为自然景观和文化景观两大类。自然景观指完全未受直接的人类活动影响或受这种影响的程度很小的自然综合体。文化景观则是居住在其土地上的人的集团，为满足某种需要，利用自然界所提供的材料，有意识地在自然景观之上叠加了自己所创造的景观。

 **知识窗**

泰州著名景区

国家 5A 级景区：溱湖国家湿地公园

国家 4A 级景区：泰州日涉园、凤城河风景区、天德湖景区、兴化李中水上森林景区、兴化郑板桥·范仲淹纪念馆、姜堰古罗塘文化景区、秋雪湖生态景区

国家 3A 级景区：新四军黄桥战役纪念馆、泰州市白马海军诞生地纪念馆、兴化市千垛菜花景区、兴化市沙沟古镇、泰州市光孝律寺、泰州市高港口岸雕花楼、靖江市牧城景区、泰山公园、溱湖湿地农业生态园景区、泰州引江河景区、泰州麒麟湾生态景区

 **开心活动**

我是小导游

活动目的：带领游客游览美丽泰州，介绍泰州的有关景点、风土人情、名优特产等。

活动步骤：

1. 调查了解泰州的著名景区。可学习研究有关资料，可到景区实地踏勘，可拜访对本地文化有研究的学者、专家、教师、民间艺人或长辈。

2. 写好导游解说词。从导游词内容的真实性，文字的优美性，导游形式的新颖性等方面进行讨论，反复修改，让导游词既生动活泼，又能吸引游客。

3. 规划游览路线。科学规划景点的顺序，要充分考虑每个景点的参观时间。

4. 模拟导游，带团游览一个景点。由学生组成旅游团，人数以 4~8 人为宜。注意：每个小小旅游团模拟导游时，小组内的每个同学都必须既当导游，又当游客，每个人都有实践的机会。

5. 体会交流。导游活动结束时，分组交流，培养学生"爱我家乡，建我家乡"的情感。

总 结

旅游概况

旅游景点

- 海军诞生地纪念馆
- 凤城河风景区
- 日涉园
- 梅园
- 泰州老街
- 溱湖湿地公园
- 李中水上森林公园
- 千垛菜花风景区
- 口岸雕花楼景区
- 泰兴古银杏森林公园

自我检测

1. 辨别：烫干丝、煮干丝。

2. 列举：几种泰州的特色小吃。

3. 解释：兴化垛田的形成原因。

4. 描述：你去过的一个泰州旅游景点。

5. 应用：设计一份泰州一日游行程。

第四章

教育兴市 体卫繁荣

- 第一节 崇文尚学
- 第二节 健康泰州

第一节　崇文尚学

泰州教育具有深厚的基础，悠久的历史，辉煌的业绩，培养了大批杰出人才，为泰州文化的繁荣、经济的发展、民风的培育发挥了重要作用。现在的泰州，基础教育实力雄厚，职业教育特色鲜明，高等教育已具规模，民办教育发展迅速，继续教育不断推进，教育现代化建设不断深化。泰州教育转型成绩喜人，人民对教育的满意度不断提升。

学习聚焦

你会学到什么？

- 教育名家
- 院士风采
- 教育成就

为什么你要学习？

泰州教育源远流长，泰州自古人才辈出。我们必须刻苦学习，奋发努力，争取早日成为国家的栋梁之材，为国家建设添砖加瓦。

1　教育名家

崇文尚学是泰州的传统，泰州古代的州学、县学、社学和书院都很出色，并有大量深受群众信赖的私塾。唐宋以来，泰州"儒风之盛、夙冠淮南"。从范仲淹、胡瑗、王艮、刘熙载到丁文江、吴贻芳、朱东润、洪宗礼，都是泰州教育史上显赫的人物。新中国成立以来，泰州教育事业发展迅速。到2015年年底，全市共有各级各类学校 668 所（其中幼儿园 301 所、小学 156 所、初中 150 所、特殊教育学校 5 所、普通高中 37 所、中等职业学校 12 所、高等学校 7 所），全市在校学生及幼儿约 58.65 万人，教职员工 5.27 万人。泰州培养的各级各类人才，正在各条战线上为中国梦的早日实现贡献力量。

●教育先贤胡瑗

北宋泰州人胡瑗是著名教育家。胡瑗终生从事教育，曾在泰州讲学多年，后到苏州郡学、浙江湖州州学讲学，再到太学讲学，桃李遍天下。胡瑗的教育理论和教育实践，至今依然熠熠生辉。南宋时，在胡瑗讲学旧址建立安定书院。清朝时，在安定书院内建安定祠，专祀安定先生，并立"宋安定胡先生讲学故址"碑及"安定祠"碑。书院内有一株古银杏，相传为胡瑗栽植。

知识窗

胡瑗教育思想 胡瑗提出并精辟论述了教育在社会发展中的战略地位，胡瑗认为"致天下之治者在人材，成天下之材者在教化，职教化者在师儒，弘教化而致之民者在郡邑，而教化之所本者在学校"。胡瑗已经把教育放在与国家命运息息相关的极其重要的地位。胡瑗首开"明体达用"的教育观念，重视在"明体"的基础上，培养经世致用的治国人才。胡瑗首创"分斋教学"制度，解决了应用型人才培养的难题。胡瑗强调素质教育，严格校规，言传身教，注重社会实践和直观教学。

想一想

你知道"明体达用"的含义吗？

●教育先贤王艮

王艮是一位平民教育家，他终生不做官，把毕生精力献给平凡而伟大的教育事业，开启了中国教育史上的一代平民化学风。他的教育理论与实践的平民化特征，首先表现为教育对象的广泛性与大众化。王艮讲学不分"老幼、贫贱、贤愚，有自愿学者传之"，上至士大夫，下至各种职业的平民百姓，无不受教。其次表现在教育内容的实用性和世俗化。作为一位立志平民教育的哲学家和教育家，王艮认为："百姓日用即道"，"愚夫愚妇与知能行便是道"。"百姓日用"学说，具有源于实践又回归实践的特色。王艮教育理论与实践的平民化特征，还表现在讲学传道方式的实践性和民本化。"求会山林隐逸，启发市井愚蒙"，讲"百姓日用之学"，劝"天下人同为善"。王艮不仅在流动讲学传道时，讲究教育艺术，迎合途中百姓心理，而且在平时定点讲学传道时，也以民为本，以学生为主体。

王艮经常讲的一句话是："学不是累人的。"这在中国教育史上是发前人所未发的至理名言。他修正了理学教育的传统做法，寓教于简，寓教于乐，对后世教学原则与方法的发展产生了深远的影响。

王艮的教育理论与实践活动不仅丰富了我国教育思想宝库，也为泰州地方教育文化传统的形成奠定了坚实的基础。

王艮讲学图

 知识窗

王艮乐学歌

人心本是乐，自将私欲缚。私欲一萌时，良知还自觉。

一觉便消除，人心依旧乐。乐是乐此学，学是学此乐。

不乐不是学，不学不是乐。乐便然后学，学便然后乐。

乐是学，学是乐。於乎，天下之乐，何如此学。

天下之学，何如此乐！

●教育家吴贻芳（1893—1985年）

吴贻芳，号冬生，泰兴人，中国近代教育史上一位杰出的女教育家。1919年她以优异成绩毕业于金陵女子大学，1928年毕业于美国密执安大学研究生院，获哲学博士学位。1928年8月，受聘于母校金陵女子大学，先后主校23年。她是中国第一届女大学生，第二位大学女校长。1945年，作为中国代表团的唯一

吴贻芳女士在《联合国宪章》上签字

女代表赴美参加联合国成立大会，成为在《联合国宪章》上签字的第一位女性。1979年获美国密执安大学为世界杰出女性专设的"智慧女神"奖。1949年作为特邀代表参加中国人民政治协商会议并出席了中华人民共和国的开国大典。后历任南京师范学院副院长，江苏省教育厅长、江苏省副省长、省政协副主席，全国妇联副主席、民进中央副主席、全国政协常委等职。

她主张厚生教育，用"厚生"作为校训，认为人生的目的，不光是为自己活着，还要用自己的智慧和能力来帮助他人和社会，这样不但有益于别人，而且自己的生命也因之而更丰满。她主张人格教育，认为人格教育对培养学生来说是最重要的，因为一个能奉献自己、服务社会的人必先具备健全的人格，而要做到这点，必须从小事注意起。她主张教育要适应社会，一方面基础知识要扎实，另一方面又要扩展知识面；既要有深度，又要有广度，使学生很快能适应工作岗位。

 ## 知识窗

吴校长熟悉每一位学生

每天早上，吴贻芳都会在校园里转上几圈，和学生打招呼，问问学习情况。她有接见每一个新生的习惯。一日，人生地不熟的新生陶庸正在新生布告栏下徘徊，听到背后有亲切的声音问："陶庸，从北京来这里学习，习惯吗？"陶庸既惊又喜：自己一个新生，从来没和校长单独说过话，校长怎么知道自己的名字？这种感觉真好！后来，她询问了高年级学姐才知道，每年开学之前，校长都会熟悉每一名新生的名字、家庭情况、兴趣爱好，所以，校长能叫出每一个人的名字。

●教育家朱东润（1896—1988年）

朱东润，名世溇，字东润，泰兴人，我国著名的教育家、传记文学家、文学史家、文学批评史领域的奠基人之一。1913年他以优异成绩，经留英俭学会资助至英留学，攻读英国文学专业。1916年回国后步入教育界。新中国成立后，转入复旦大学任教，兼中文系主任，并担任国务院首届学位评议组成员、国务院古籍整理规划小组成员、全国作协理事、《中华文史论丛》主编等职务。晚年以92岁高龄完成《元好问传》书稿。他毕生从事教育与学术研究，为国家培养了不少人才，生平著作超过1000万字，主要著作有《中国文学批评史大纲》《中国文学批评论集》《张居正大传》《陆游传》《陆游研究》《梅尧臣传》《杜甫叙论》《陈子龙及其时代》等。

朱东润

知识窗

彩笔宏文称一代，高风亮节足千秋

朱东润先生从事教育和学术研究工作70余年，为我国的文化教育事业作出了不可磨灭的贡献。"彩笔宏文称一代，高风亮节足千秋"，这是著名教授苏步青对朱东润先生的评价。朱先生在一次学术报告上，讲人物传记，认为世界上只有三部传记是值得读的：第一部是英国的《约翰逊传》，第二部是法国的《贝多芬传》，第三部就是中国的"拙作"《张居正大传》。可见朱先生对自己传记作品的自信程度。他一生追求真理，在84岁高龄加入中国共产党。他桃李满天下，培养的三代学生中不少人已经成为学科带头人。朱先生还一直强调：要学好外语，要有世界眼光；希望我们汲取世界的文化成果，也让中国的学术走向世界。今泰兴市朱东润故居已辟为朱东润纪念馆。

●教育家洪宗礼

洪宗礼，1937 年生，1960 年从扬州师范学院文史科毕业，分配到江苏省泰州中学任教。历任教导主任、副校长，从教 40 年。我们现在使用的初中《语文》教材就是泰州中学特级教师洪宗礼主编的，该教材累计印刷超亿册，使用覆盖 26 个省市。他主持的中外母语教材研究课题，涉及全球 8 大语系 26 个语种，形成 830 余万字的研究成果，2011 年获第四届全国教育科学研究优秀成果一等奖。在实践与研究的基础上，他创立了工具说、导学说、学思同步说、渗透说、端点说"五说"语文教育观，摸索出引导阅读、引导写作"双引"教学法，构建了"知识—引导—历练—能力—习惯—素养"语文教学之"链"。他用毕生精力，树立了从事母语教学、编写母语教材、研究母语教育的三座丰碑，被誉为"中国语文教育改革的一面旗帜"。

洪宗礼

想一想

你最喜欢洪老师编写的《语文》教材哪部分内容？为什么？

●著名校长蔡林森

蔡林森，1942 年 10 月出生，扬州师范学院中文专科毕业，1960 年参加教育工作，从教 40 余年。他所在的洋思中学是泰兴市一所普通的农村中学，他却把它办成了中国名校。他先后荣获江苏省中学特级教师、江苏省首届名校长、"乡村教育家"、全国先进教育工作者等荣誉。

"没有教不好的学生"的教育理念，"先学后教，当堂训练"的教学模式，以责任制为核心的严格管理制度，以蔡林森为核心的团队整体的奉献精神，这四者的整体熔铸，造就了洋思的奇迹。洋思的教改经验，引起了教育界的广泛关注。一些媒体将之称为"一个朴素的教育奇迹"，"全国农村初中教育改革的一面旗帜"。时任教育部副部长的王湛评价说：洋思的教育方法先进，洋思的课堂教学先进，可与世界接轨。国家、省、市多次在洋思举办研讨班、培训班，推广洋思经验。"洋思教学模式"于 2013 年、2014 年分别荣获江苏省教学成果特等奖、国家级教学成果一等奖。

蔡林森

我最敬爱的老师

活动目的：两次获得诺贝尔奖的居里夫人是蜚声世界的大科学家，她却对少年时代的法语老师念念不忘。在同学们的成长过程中，老师的影响很大。给大家介绍一下你最敬爱的老师吧！

活动步骤：

1. 回忆对最敬爱的老师印象最深刻的事。

2. 完成介绍文稿，体裁不限，长短不论。

3. 可用多种形式交流。

4. 给最敬爱的老师写一封信。

活动提醒：

1. 内容要真实。

2. 老师人数不限。

2 院士风采

据初步统计，泰州拥有 35 名院士。泰州院士是泰州教育的名片，是泰州教育的骄傲。泰州教育为祖国培养出无数人才，他们正在各条战线上为实现中国梦而奋斗。

知识窗

泰州的两院院士

一.出生于泰州的两院院士

1. 李继侗（1897.8.24—1961.12.12）植物学家、生态学家。生于兴化。中国科学院院士。

2. 丁舜年（1910.12.4—2004.9.20）电机工程学家。生于泰兴。中国科学院院士。

3. 支秉彝（1911.9.29—1993.7.24）电工测量仪器专家、信息处理工程专家。生于泰州。中国科学院院士。

4. 侯德原（1912.4.21—2003.10.17）邮电通信专家。生于泰州海陵。中国工程院院士。

5. 朱亚杰（1914.12.4—1997.3.13）化学工程学家。生于兴化。中国科学院院士。

6. 王德宝（1918.5.07—2002.11.1）生物化学家。生于泰兴。中国科学院院士。

7. 钮经义（1920.12.26—1995.12.16）生物化学家。生于兴化。中国科学院院士。

8. 盛金章（1921.5.15—2007.1.7）古生物学家。生于靖江。中国科学院院士。

9. 张启先（1925.8.25—2002.5.25）空间机构学及机器人技术专家。生于靖江。中国工程院院士。

10. 王德滋（1927.6.27—　）岩石学家。生于泰兴。中国科学院院士。

11. 夏道行（1930.10.20—　）数学家。生于泰州海陵。中国科学院院士。

12. 常印佛（1931—　）矿床地质学家。生于泰兴。中国科学院院士，中国工程院院士。

13. 童铠（1931.9.12—2005.8.10）卫星测控技术和卫星应用技术专家。生于泰州海陵。中国工程院院士。

14. 李德仁（1939.12.31—　）摄影测量与遥感学家。生于姜堰。中国科学院院士，中国工程院院士。

15. 刘秀梵（1941.5.19—　）动物传染病学专家。生于靖江。中国工程院院士。

16. 李德毅（1944.11.28—　）指挥自动化和人工智能专家。生于姜堰。中国工程院院士。

17. 叶培建（1945.1—　）空间飞行器总体设计和信息处理专家。生于泰兴。中国科学院院士。

18. 卢锡城（1946.11.13—　）计算机学专家。生于靖江。中国工程院院士。

19. 陈学庚（1947.4—　）农机专家。生于泰兴。中国工程院院士。

20. 杨元喜（1956.7—　）大地测量学家。生于姜堰。中国科学院院士。

21. 缪昌文（1957.8.19—　）建筑学家。生于姜堰。中国工程院院士。

22. 翟婉明（1963.8—　）铁路工程动力学专家。生于靖江。中国科学院院士。

23. 鄂维南（1963.9—　）数学家。生于靖江。中国科学院院士。

24. 王存玉（1963.10—　）医学家。生于兴化。中国工程院外籍院士。

25. 李德群（1945.8—　）智能制造专家。生于姜堰。中国工程院院士。

26. 曹福亮（1957—　）森林培育学和经济林栽培学专家。生于姜堰。中国工程院院士。

27. 万建民（1960—　）水稻基因研究专家。生于泰州海陵。中国工程院院士。

28. 刘云圻（1949.1—　）化学专家。生于靖江。中国科学院院士。

二.籍贯为泰州、非出生于泰州的两院院士

1. 王振义（1924.11.30—　）医学家。籍贯江苏兴化，生于上海。中国工程院院士。
2. 李德平（1926.11.4—　）辐射物理、辐射防护及安全学家。籍贯江苏兴化，生于北京。中国科学院院士。
3. 刘守仁（1934.3—　）畜牧学家。籍贯江苏靖江，生于苏州。中国工程院院士。
4. 徐玉如（1942.7.29—2012.2.17）船舶专家。籍贯江苏泰兴，生于江苏如皋。中国工程院院士。
5. 夏照帆（1954.3—　）医学家。籍贯江苏泰兴，生于福建福州。中国工程院院士。

三.在泰州学习、工作过的两院院士

饶子和（1950.9—　）分子生物物理与结构生物学家。籍贯江苏无锡，生于江苏南京。中国科学院院士。

四.出生于泰州的国际组织院士

高攸纲（1928.2.6—　）电磁兼容专家。生于泰州。联合国国际信息科学院院士。

●童铠（1931—2005 年）

童铠，卫星导航测控与卫星应用专家，中国工程院院士，泰州人。1952 年毕业于青岛山东大学，1959 年在苏联列宁格勒电信工程学院获副博士学位。中国空间技术研究院研究员、科学技术委员会顾问。他从事航天事业近 45 年，是我国卫星测控、定位和信息处理领域的主要学术带头人之一，在国家多项重点工程中作出了重大贡献。20 世纪 70 年代主持研制成功反导弹精密制导"101"雷达。作为副总设计师和总设计师，参加和主持研制通信卫星微波测控系统，该项目获 1985 年国家科技进步奖特等奖。1997 年作为总设计师，首次在国内主持研制成功风云二号气象卫星指令与数据获取站，获 1998 年国家科技进步三等奖。2004 年作为"北斗一号"卫星导航应用系统总设计师研制成功地面应用系统。2005 年获国家科技进步奖一等奖。在我国通信卫星微波测控系统研制中，他解决了一系列重大关键技术难题。在双星快速定位系统的研制上，突破了关系全系统成败的双星定位入站信号快速捕获的难题，在我国卫星应用技术发展中作出了重大贡献。

童铠敢于大胆创新，又务实求精，非常注重深入基层听取同志的意见。发现技术难题，他总是先听取有关设计师的意见，再仔细分析实验数据，摸规律、查电路，找出问题发生的根本原因，然后提出解决的思路和方法。在研制工作中，他既是战斗员又是指挥员，既能将实践中出现的问题提高到理论高度来解决，又能指导实践解决具体问题，因此练就了他对专业问题的特殊洞察能力。而身为一名技术帅才，更重要的是他以坚忍顽强的探索精神，正派清新的治学风格，高超的理论水平和为人师表的谦逊态度，影响着周围的人们，培养了一群年轻技术人才。

童铠

●李德仁

李德仁，摄影测量与遥感学专家，中国测绘学界泰斗。中国科学院院士，中国工程院院士，国际欧亚科学院院士。泰州姜堰人，1939 年出生。1963 年武汉测绘学院毕业，1981 年获该校硕士学位，1985 年获联邦德国斯图加特大学博士学位。2008 年被苏黎世理工大学授予名誉博士学位。历任武汉测绘科技大学校长、武汉大学学术委员会主任、测绘遥感信息工程国家重点实验室主任、学术委员会主任，全国政协委员，国务院学科评议组成员。

以李德仁为首的武汉大学对地观测与导航技术创新团队，获得 2014 年度国家科学技术进步奖（创新团队）。长期以来，我国由于核心元器件受制于国外，遥感卫星的定位精度长期停留在 300 米左右。该团队首创了测量误差处理与可区分性理论，解决了测量学中的百年难题，通过"以软补硬"，将我国光学卫星遥感影像的直接定位精度提高到了 10 米以内。这一团队，不仅使我国"资源三号"的测图精度从大幅落后一举跃升为"国际领先"，还让北斗定轨的精度从 5~10 米提高到 2~3 厘米。近年来，还研制了"GeoGloble"虚拟地球系统，使我国成为全球第二个能够提供数字地球系统服务的国家。

李德仁

●叶培建

叶培建，空间飞行器总体、信息处理专家。中国科学院院士。泰兴人，1945年出生。1967年毕业于浙江大学无线电系，1985年在瑞士纳沙泰尔大学获科学博士学位。1987年在五院502所任研究室主任。1988年任中国空间技术研究院科技委常委，成为院科技委中最年轻的常委。1989年调到中国空间技术研究院，并任五院计算机技术副总师，后任总师。1993年之后，先后任"中国资源二号"卫星副总设计师、总设计师兼总指挥，太阳同步轨道卫星平台首席专家、月球探测卫星技术负责人。2000年被国防科工委评为"有突出贡献的中青年专家"。2003年由他担任总设计师、总指挥的"中国资源二号"卫星获国家科技进步一等奖。2002年获航天基金奖。现任中国空间技术研究院研究员。主要从事卫星总体设计和信息处理研究工作。他主持制订我国第一代传输型对地观测卫星总体方案及各个分系统的设计，优化卫星总体方案，组织领导并参与攻克7项技术难关，保证了卫星具有很高的技术指标。他主持修订了后续两颗卫星的改进方案，提高了卫星性能和水平，已实现了双星组网运行。他是我国绕月探测工程、嫦娥一号卫星系统总指挥兼总设计师。他经常说的一句话是："人家是一个脑袋两只手，我们也是一个脑袋两只手，人家能干成的事，我们也一定能做到！"

叶培建

●万建民

万建民，水稻分子遗传与育种专家。中国工程院院士。泰州人，1960年出生。教授，博士生导师。1982年获南京农业大学农学专业学士学位，1985年获南京农业大学作物遗传育种硕士学位，1995年获日本京都大学农学博士学位。1996年任日本京都大学农学部特别研究员，1997—2001年任日本农林水产省农业研究中心研究员。1999年被教育部聘为首批"长江学者奖励计划"特聘教授，2000年回国，任南京农业大学农学院教授、博士生导师、农学院院长。2003年7月至今，担任中国农业科学院作物科学研究所所长。他在国内较早提出和从事作物分子设计育种，构建了水稻分子育种技术体系，在水稻产量、品质及抗性形成的分子机理研究上取得重要进展，发现并精细定位水稻重要新基因 25 个，克隆基因 12 个，创制优质种质 16 份，培育新品种 8 个，获新品种权 15 项，发明专利 17 项。

在科研中，他推崇操行、学问的素质。他说，操行就是要有献身和协作精神。他数十年遨游于水稻的分子世界，促进和推动了我国作物分子育种的发展，让祖国的稻田花香四溢，硕果丰实。他以第一完成人获国家科技进步一等奖 1 项，省部级一等奖 2 项、二等奖 32 项。2012 年，获何梁何利科技进步奖，入选中组部万人计划和科技部创新团队。2014 年获全国优秀科技工作者称号。

万建民

院士中，有你的校友吗？你最景仰的院士是谁？怎样向他们学习？

探索泰州籍院士的成长足迹

活动目的：两院院士是国家的"瑰宝"，也是家乡人民的骄傲，更是我们学习的榜样。让我们探寻院士成长的足迹，努力实现自己的梦想！

活动步骤：

1. 了解泰州籍院士的基本情况。

2. 找出他们成才的原因。

3. 思考我的梦想是什么？哪位院士是我的偶像？

4. 思考怎样实现自己的梦想。

活动提醒：

1. 可全班组织交流。

2. 提倡自由讨论。

泰州教育在传承中发展和创新，特别是改革开放以来，取得了巨大的进步。泰州全面实施素质教育，进一步推动教育的现代化，实现了泰州教育的可持续及均衡发展。

●实力雄厚的基础教育

到 2015 年，泰州已基本普及 15 年教育，学前三年幼儿毛入园率达 98.3%，九年义务教育入学率达 100%，初中毕业生升学率达 99.8%，高等教育毛入学率达 57.2%。

在学前教育方面，泰州各地农村均建成合格的幼儿园，市级以上优质幼儿园比例达到 81.2%，省级优质幼儿园比例达到 70%，学前三年教育优质资源大幅度增加。

在义务教育方面，建立健全义务教育均衡发展机制，通过开展现代化学校创建、组建义务教育学校共同体、优质学校扶持薄弱学校、优质学校异地建分校等方法，不断扩大优质教育资源；重视支教工作的指导和交流，跨县域和县域内支教工作取得新的成效；建立校长、教师轮岗交流制度，校长、教师交流面基本达到省定要求。泰州所有市（区）均建成"全国义务教育发展基本均衡市（区）"。靖江市、姜堰区还被评为省义务教育优质均衡发展示范区。2015 年 6 月，全国义务教育改革发展现场经验交流会在泰州召开。

 知识窗

泰州首创的"名校+"模式

泰州积极探索"名校+"模式，推动城乡一体的快速融合，使弱校变优，强校更强。教育相对发达的靖江市、姜堰区，相继实施了"名校+弱校""名校+农校""名校+新校"策略，实现集团（共同体）校之间管理互通、研训联动、文化共建、捆绑考核。地域范围较大、农村人口较多的兴化市，则采用学区一体化管理方式，以学区内 1~2 所优质学校为龙头，实行教育管理、教师配备、教学研究和考核评价一体化，破解农村学校点多线长、资源利用率不高等问题。名校不多但群众需求迫切的海陵区，则依托名校办分校，以名校为校行政中心，教师统一调配、教学统一安排、教研统一组织，有效化解择校难题。

在普通高中教育方面，致力于推进普通高中教育转型发展，实施新一轮普通高中布局调整，全市建成四星级普通高中13所、三星级普通高中20所，95%以上的学生在优质普高就读。全市高考成绩持续攀升。

在基础教育阶段，各级学校实施德育工作"一校一品"工程，创新开展日常行为规范养成教育和公民教育。市教育局陆续出台"减负八项规定"和"提高教学质量十六条"，着力改革课堂教学，减轻学生过重的课业负担，"主体教学、智慧课堂"成为师生追求的共同目标。

泰微课

泰州聚集全市名师，针对各学科重点核心内容和学生学习过程中的难点、疑点、易错点，制成时长3～5分钟的微视频，学生可利用电脑、手机等多种客户端点播，自主学习。到2015年年底，"泰微课"资源库已建微教学视频7万条、微测试视频20万条、导学案1000例，覆盖基础教育各学段17门学科，并不断提质扩容、动态更新，成为30多万注册中小学生的全天候免费"名师"，成为全国首家推出的基础教育微课程资源库、受益面最广的中小学网络学习平台。"泰微课"被评为智慧江苏教育行业应用示范工程，是泰州市创新创优项目评选的第一名，成功升格为江苏"泰微课"，并与中央电教馆签订合作协议，在全省全国开辟了"互联网＋教育"的"泰州路径"。

我们爱用"泰微课"

在线学习

网络搜索：

注册或登录泰微课网站：http://twk.tze.cn，开始我们的学习吧！

泰州教育大阅读

为大力推广全民阅读活动，优化学校及家庭的阅读环境，构建良好的教育文化生态，实现"师生家长同参与，学科门类全覆盖"的目的，自2015年1月起，泰州市教育局发起了"泰州教育大阅读"活动。

这次活动范围广，跨度大，有近4万名老师、50多万名学生、100多万名家长等全员参与，与"书香泰州"活动自然衔接。从时间上来说，为期三年（2015—2017年）；从学科上来说，数理化政史地生音体美劳动与计算机教育等各门学科的阅读都涵盖在内；从活动类别来说，包括家长大讲堂、亲子阅读方法指导、师生古诗文诵读、阅读猜猜猜竞赛、师生家长"共读一本书"读书报告会、名著阅读推荐会等，十分丰富；从媒介上来说，不拘泥于纸质书籍，更鼓励运用电子、声像资料等进行阅读体验和创新。

　　"阅读点亮千年美梦，书香开启精彩人生。"这是洪宗礼先生对大家的期望，让我们积极投身到大阅读中去，充分感受阅读的乐趣。

"泰州教育大阅读"启动仪式

知识窗

古人勤奋读书的名言

读书破万卷，下笔如有神。——唐·杜甫
立身以立学为先，立学以读书为本。——宋·欧阳修
读万卷书，行万里路。——宋·刘彝
黑发不知勤学早，白首方悔读书迟。——唐·颜真卿
书卷多情似故人，晨昏忧乐每相亲。——明·于谦
书犹药也，善读之可以医愚。——西汉·刘向
少壮不努力，老大徒伤悲。——《汉乐府·长歌行》
莫等闲，白了少年头，空悲切。——宋·岳飞
发奋识遍天下字，立志读尽人间书。——宋·苏轼
鸟欲高飞先振翅，人求上进先读书。——李苦禅
立志宜思真品格，读书须尽苦功夫。——清·阮元

想一想

你最喜欢哪一本书？给大家介绍一下。

开心活动

主题演讲：我的一本课外书

活动目的：古人说得好，读万卷书，行万里路。我们从小要养成良好的读书习惯。

活动步骤：

1. 选择自己最喜欢的一本课外书。

2. 编写文字简介，包括内容简介和喜欢的理由。

3. 开展主题演讲，与同学们分享你的收获。

4. 搜集资料，举办主题演讲后的手抄报展览。

活动提醒：

1. 要尽量不与别人重复，最好选择不一样的书。

2. 演讲可以搭配音乐或视频，努力做到生动形象，引人入胜。

● 特色鲜明的中职教育

中等职业教育与普通高中教育协调发展。近年来，全市职教招生稳中有升，职业教育规模基本稳定，普通高中生与职业学校学生中考录取率大体相当。截至2015年，泰州已建成3所国家中职改革发展示范校、24个省示范专业、15个省级以上实训基地，双师型教师比例达76%。一所职业学校通过省首批高水平现代化学校验收。"本地就读率、顶岗实习率、本地就业率、本地企业合作率"不断提高。职业学校的就业率保持在98%以上。职校还广泛开展面向城乡劳动者的各种形式的培训，年培训超过5万人次。

实践操作中的职校学生

●蓬勃发展的高等教育

　　1996 年泰州地级市成立以来，泰州市高等教育从无到有，从弱到强，实现了跨越式发展，尤其在发展本科教育方面迈出了具有历史意义的步伐，实现从专科—本科—公办本科的三级跳。第一步是 1998—2002 年，泰州职业技术学院、江苏畜牧兽医职业技术学院（现为江苏农牧科技职业学院）、泰州师范高等专科学校相继成立，实现了专科教育的起步。第二步是 2004 年，泰州市与南京理工大学、南京师范大学联合办学，成立了南京理工大学泰州科技学院、南京师范大学泰州学院两所本科院校，实现了泰州本科教育历史性突破。其后，又继续引入南京中医药大学翰林学院、常州大学怀德学院迁址泰州。第三步是 2013 年，泰州师范高等专科学校成功升格为泰州学院，泰州第一所公办本科高校成立。至此，泰州已办有 7 所高校，开设本科专业累计达 141 个，专科专业 100 多个，在校生规模近 6 万人，其中本科在校生 3 万余人。泰州形成了本科、专科共同发展，公办、民办机制并存，工科、文科院校互补的高等院校格局，向社会输送了大批优秀人才，对促进泰州经济的发展起到了重要作用。

泰州学院

●大爱情怀的惠民教育

地级泰州市组建以来，积极贯彻国家、省教育法规政策，努力保证教育经费持续稳定增长，全市小学、初中生人均公用经费及困难家庭学生生活补助标准大幅度提升。教育行政部门严格规范教育管理，从各个方面保证教育教学工作的正常有序进行。

泰州建立了学前教育和普通高中教育经费保障机制，实现了义务教育"两免一补"（免收杂费、免费发放教科书和寄宿生补助）全覆盖，实行市区学前教育生均公用经费补助和困难家庭幼儿资助，扶贫助学实现从学前教育到大学、从特殊教育到职业教育的全覆盖，贫困家庭大学生助学贷款做到"应贷尽贷"，其他各类教育的助学工作做到"应助尽助"。

泰州还完善了特殊教育办学体系，形成完全免费的十五年一贯制特殊教育。对外来务工人员子女入学一视同仁，"四位一体"关爱留守儿童的经验与做法在全国得到推广。

泰州市特殊教育学校

你知道什么是留守儿童（少年）吗？你身边有这样的同学吗？你和其他同学是如何关心和帮助他们的？

另外，四星级高中指标生提高到学校总招生计划的70%，不同学区的孩子升学机会更趋公平；"教育为民热线""教育服务进社区"等教育服务品牌效应不断显现，人民群众对教育的满意度不断提高。

●面向世界的开放教育

泰州教育日益国际化，涉外办学项目得到规范、有序发展。泰州高等院校与英国、法国、俄罗斯、美国、加拿大、德国、澳大利亚，以及中国台湾地区的近20所高校签订合作办学协议或建立师生培养交流关系，泰州牧院率先启动留学生培养，面向东南亚地区招收全日制留学生。泰州6所普通高中开设国际课程班。中等职业学校也加强了国际教育的交流与合作。4所学校参与共建"孔子课堂"，38所学校与国（境）外学校建立友好关系，国际教育交流与合作逐步走向深度合作的良好状态。

英国博航特中学学生在泰州学习民族舞蹈

晒晒自己的"教育账单"

活动目的：培养自己节俭的习惯。为了学习，一学期花了多少钱？花在哪些方面？让我们来作一个小统计，晒晒自己的"教育账单"。

活动步骤：

1.以一学期为限，对自己的"教育账单"进行统计。

2.与父母共同讨论和确定教育花费的项目。

3.在统计的基础上，优化自己的教育花费安排。

4.召开主题班会：晒晒自己的"教育账单"，并提出自己的设想。

活动提醒：

1.统计的"教育账单"要足够精确，科学分类。

2.晒晒"教育账单"要避免攀比，提倡节俭，体会父母的付出。

总 结

教育名家

- 教育先贤胡瑗
- 教育先贤王艮
- 教育家吴贻芳
- 教育家朱东润
- 教育家洪宗礼
- 著名校长蔡林森

院士风采

- 童铠
- 李德仁
- 叶培建
- 万建民

教育成就

- 实力雄厚的基础教育
- 特色鲜明的中职教育
- 蓬勃发展的高等教育
- 大爱情怀的惠民教育
- 面向世界的开放教育

自我检测

1. 辨别：基础教育和义务教育。

2. 列举：泰州的院士。

3. 解释："名校＋"模式。

4. 描述：学校素质教育情况。

5. 推断：教育对外开放就是定期组织学生到国外学习吗？

6. 批判性思考：职业教育注重实践操作，文化学习是次要的。

7. 应用：哪位院士是你的榜样？你是怎样实现自己的梦想的？

第二节　健康泰州

习近平总书记曾指出："没有全民健康，就没有全面小康。"健康是生命、幸福和生产力的基础，是公民、社会、国家最重要的核心竞争力。近年来，素有"康泰之州"美誉的泰州，努力推进健康中国建设，体育事业发展迅速，全民健身如火如荼；卫生事业成绩斐然，全民健康保障有力，百姓生活幸福指数显著提升，已成为一个令人向往的健康幸福之城。

学习聚焦

你会学到**什么**？

● 体育事业
● 医保体制

为什么你要学习？

发展全民体育，普及全民健身活动，促进泰州体育事业的全面发展。提升医疗机构水平，完善社会保障，建设和谐美好健康泰州。

1　体育健身

泰州体育事业蒸蒸日上，体育成果显著。泰州创建"江苏省体育服务体系示范区"，城市社区"10分钟体育健身圈"全部建成并通过省级验收，农村"20分钟体育健身圈"建设全面启动，进展迅速。城乡晨练、晚练健身点2500多个，达到每万人拥有5个健身点目标。泰州举办了多种多样的赛事活动，有的已形成品牌，在全国有较大影响。民间体育项目得到发掘推广，时尚健身活动惠及众多市民。"全民健身，幸福泰州"的观念正不断地深入人心，"康泰之州，运动之城"的形象正逐步树立起来。

●竞技体育硕果累累

竞技体育反映着体育核心竞争力。泰州体育健儿在各级体育赛事中屡创佳绩，不仅在国内、省内比赛中争金夺银，而且在国际比赛中也屡夺奖牌。国际象棋特级大师侯逸凡、击剑冠军朱敏、举重名将袁爱军、足球女将高红等是泰州优秀运动员的杰出代表。姜堰区的女子足球、兴化市的国际象棋、海陵区的围棋全国有名。

泰州努力打造精品赛事。省级、国家级的篮球、排球、乒乓球等比赛常在泰州举行，"春兰杯"职业围棋锦标赛、"黄龙士杯"世界女子围棋擂台赛、全国国际象棋锦标赛等一系列重大赛事在国内外影响较大。2015年，泰州先后举办"泰州全国业余铁人三项积分赛""凤城河公开水域全国邀请赛"，及"中意'传奇之星'足球赛"等大型赛事，不仅引来了四方宾客和体育爱好者，更充分展示了泰州城市建设的新形象，城市精神的新面貌和城市文化的新品位。

"黄龙士·双登杯"世界女子围棋擂台赛

泰州全国业余铁人三项积分赛开幕式

2015年，泰州推行购买公共体育服务项目，以政府80万元资金引导社会资本近千万元，推动了包括足球、自行车、广场舞等项目在内的17个类别，近20个项目的公共体育服务，不仅有效提升政府资金的使用效率，而且有效地扩大社会影响，提高了公共体育服务的社会参与感和满足感。此举使泰州成为继常州后，全省第二个开展购买公共体育服务的城市。

知识窗

泰州运动员的部分成绩

在第十二届全运会上，泰州夺得6金1银3铜共计10枚奖牌，创历史最好成绩。在江苏省第十八届运动会上，泰州共获得18金39银37铜共94枚奖牌，名列全省奖牌榜第八位。在第28届CBDF国际标准舞全国锦标赛上，海陵区的李心一和郑宇杰捧得了业余组少年冠军奖杯。在2015年第一届全国青年运动会男子柔道比赛中，江苏队泰州籍运动员、青奥会铜牌获得者吴志强获得冠军。在2015年首届全国青运会田径比赛中，泰州籍运动员夺得两枚金牌，黄妍获得女子400米栏第一名、薛柯获得女子10000米竞走团体第一名。著名国际象棋特级大师侯逸凡在2010年、2011年、2013年、2016年四夺世界棋后。

侯逸凡

侯逸凡，国际象棋特级大师。1994年出生于兴化市。5岁开始学棋。6岁时侯逸凡连夺8岁女子组慢棋和10岁女子组快棋两项全国冠军。后师从于著名的国际象棋教练，棋艺突飞猛进。她参加各项全国赛事乃至世界大赛，拿冠军就如探囊取物。10岁时获国际棋联大师称号，成为我国年龄最小的国际棋联大师。2008年，她14岁晋升男子国际特级大师，是历史上最年轻的晋升男子特级大师的女棋手。2010年，16岁的她获得世界女子国际象棋锦标赛冠军，成为历史上最年轻的世界棋后。2011年成功卫冕，2013年又再次夺得世界棋后称号。她下棋思路清晰，棋风充满霸气，被誉为"天才少女"。2015年，侯逸凡在直布罗陀国际象棋节大师组公开赛上斩获最佳女棋手奖。2016年3月，年仅22岁的中国国际象棋一姐侯逸凡在乌克兰进行的2016国际象棋女子世界冠军赛上，再次战胜乌克兰籍现役女子世界冠军玛利亚·穆兹丘克，夺得冠军，第四次成为世界棋后。侯逸凡四夺世界棋后的成绩也超越了三度夺冠的中国传奇女棋手谢军。在为人处世上，侯逸凡谦虚、低调。她在微博中说，"十几年棋路，风雨兼程，虽谈不上大风大浪但也绝不是一条坦途。……直面现实，磨炼中成长，这是我喜欢的生活态度"。

侯逸凡的成功带给我们哪些启示？

侯逸凡

高红

　　高红，足球国际健将级运动员。1967 年出生于泰兴市，自幼热爱运动。1992年入选女子国家足球队。高红以机敏灵活、爆发力强、判断准确、出击果断、心理素质佳的技术风格和特点，确定了其国家队主力门将的位置，代表女子国家足球队参加比赛 60 场，为中国女足荣获 1993、1995、1997 年亚洲杯冠军，1998 年瑞典世界杯第四名，1996 年亚特兰大奥运会银牌，1998 年曼谷亚运会冠军，立下了汗马功劳，1999 年入选世界明星队阵容。同年，获"本世纪亚洲最出色的女足运动员""中国足坛门王"等殊荣。国际足球界评价高红"在球网前有世界上任何其他门将难以企及的风度，她在几次关键比赛中表现出她有能力使球队起死回生"。高红认为，"无论做任何事，都要有坚韧的毅力，要充满自信，我不敢说我已经成功了，但我敢说，在我追求的过程中，我确实做到了以上两点"。

　　2008 年北京奥运会期间，高红受邀担任女足项目解说嘉宾。2013 年，任女足 U16 国家少年队主教练。高红非常关心家乡校园足球的发展，她曾到姜堰、泰兴等校园指导学生踢球。她说，足球是女孩子成长最好的途径。

　　她说："我觉得，与金钱相比，我更看重荣誉。与拿百万年薪相比，在异国他乡升起国旗、听到欢呼更为令人骄傲，这是金钱不能买到的东西。"

高红

袁爱军

袁爱军，中国举重名将。1977年出生于泰州，10岁时进入泰州市业余体校练举重，1994年进入江苏省举重队，1996年年底入选国家队。他连续三届获得全运会金牌。当第三次获得全运会金牌后家人劝他退役，他却决心再加一把劲在北京奥运上拼一拼。虽然在北京奥运上无缘奖牌，但这种永不放弃的体育精神，令人敬佩。

袁爱军

主要成绩：

1997年 第8届全运会91公斤级总成绩冠军，并打破全国纪录。

1998年 曼谷亚运会85公斤级总成绩亚军。

1999年 全国男子举重锦标赛85公斤级总成绩冠军。

2001年 第9届全运会男子举重85公斤级总成绩冠军，并打破全国纪录。

2002年 全国男子举重锦标赛85公斤级抓举第3名。

2003年 世界举重锦标赛85公斤级总成绩亚军。

2004年 亚洲举重锦标赛85公斤级总成绩冠军。

2005年 第10届全运会男子举重85公斤级总成绩冠军。

●健身设施日益完善

泰州城市社区"10分钟体育健身圈"率先在全省建成。体育公园广场、健身步道、健身长廊建设有序推进，为市民提供了功能多样、与自然景观融为一体的体育场地。泰州农村"20分钟体育健身圈"已初步建成，覆盖了全市70%以上的乡村，推动了广大乡村的体育活动。广场舞更是成为泰州人的最爱，每当华灯初上，不管城市还是乡村，到处都能看到翩翩起舞的人群，到处都能听到欢快的健身歌曲。

截至2015年，泰州成功创建"省级公共体育服务示范区"，共有体育场地近万个，全市人均体育设施面积达2.93平方米，超额完成"十二五"任务。

知识窗

体育健身圈 这是江苏率先在全国提出的全民健身概念，是指城市社区居民以正常速度步行 10 分钟（直线距离 800~1000 米）左右、农村居民步行 20 分钟左右，就能找到可供健身的设施、场馆或场地，享受公共健身设施、基层健身组织、全民健身活动、科学健身指导等基本公共服务。

姜堰区体育公园

学校的体育设施节假日对外开放，这对促进体育活动的开展有什么意义？

知识窗

泰州"十三五""1 + 5 + N"体育场馆设施体系

1 个主城区体育中心

5 个区域性体育中心：
   市全民健身中心
   海陵区全民健身中心
   高港区全民健身中心
   医药高新区全民健身中心
   姜堰区全民健身中心

N 个体育设施：
   各市区区域体育中心工程
   各类专业运动场馆
   各乡镇（街道）体育文化中心
   社区小型健身中心
   居民区健身路径、健身步道
   公园晨晚练点

●全民健身形式多样

"丰富健身项目种类，打造民间体育品牌。"在一年一度的泰州全民健身节上，健身花鼓、花样跳绳、抖空竹、抛石锁、滚铁环、打陀螺、扭秧歌、滚莲湘、放风筝、太极系列、木兰系列等众多百姓喜闻乐见的民间体育项目纷纷亮相，吸引了众多健身爱好者情不自禁加入学练，影响愈来愈大。截至2015年，泰州"全民健身节"已经举办了十一届。"全民健身节"已经逐渐成为泰州体育事业的特有品牌。

扇舞

姜堰区的滚莲湘表演队

滚莲湘

淤溪镇潘庄村的"滚莲湘"，据传已有200多年历史，已被列入江苏省非物质文化遗产名录。

"滚莲湘"起源于里下河的舞龙，每招每式都是模仿天龙腾云驾雾的英姿。潘庄的"滚莲湘"不同于外地，其特点就在于"滚"，"滚莲湘"的人手执莲湘，在自己身体的各部位滚击敲打，让莲湘在身上流转滚动，表演让人眼花缭乱，目不暇接。

抛石锁

石锁运动，集力量、技巧、健身于一体。在泰州，石锁运动爱好者众多，每天清晨，泰州市区各公园、海陵区石锁协会活动场地内，都是一派热火朝天的景象：上到七八十岁的老人，下到十来岁的孩童，上百名石锁爱好者，时而双锁齐发，时而单锁绕身，花样繁多，精彩纷呈。

泰州海陵石锁运动的"掌门人"，是年过六旬的王秉荣。他在意大利米兰举行的世界吉尼斯挑战大会上，一举创下了"蒙眼成功抛接80斤石锁13次"的世界纪录。海陵石锁成了泰州传统体育项目的形象代表，已被列入江苏省非物质文化遗产名录。

海陵"石锁王"——王秉荣

泰兴花鼓

泰兴花鼓是泰兴的民间舞蹈，已有 300 多年历史，是江苏非物质文化遗产。新编的《泰兴健身花鼓》既保留原有的热烈、欢快、喜庆的风格和灵活、风趣、多变的艺术特点，又融入了对腰、膝、腿等全身多处关节、穴位的敲打和体育舞蹈中拧身转体等体育元素，

泰兴花鼓

而且可灵活选择红灯笼、莲湘、竹板、铃鼓等作为道具进行随意组合练习，更具有好学、好练、好看的"三好"独特魅力。2013 年，泰兴队表演的《泰兴健身花鼓》在央视五套的《健身状元榜》亮相，是江苏省唯一一支上榜的队伍。

抖空竹

泰州市民非常喜爱抖空竹，无论早晚，在公园里都可以看到抖空竹的爱好者们聚在一起，切磋技艺，开展活动，舞出健康的身影，奏响快乐的空竹乐章！泰州连续几年举办抖空竹大赛，众多空竹爱好者各亮绝活，盛况空前。

 知识窗

空竹　空竹是用竹木制成的玩具。用绳子抖动圆柱，圆盒便快速旋转，发出嗡嗡的声音。据考证，空竹最早是由陀螺演变而来，明清以前，人们叫它"空钟"。在南方有人叫"嗡子"，天津人叫它"风葫芦"或者"闷葫芦"。目前空竹材料主要为软性塑料，摔不坏，耐用。可以做成很多种颜色。为了使趣味性更浓，发展出单轴承、双轴承及多轴承的空竹。空竹对活动场地的要求不高，对参加的人数没有限制，加之价格低廉，简单易学，抖空竹已成为泰州学校正常开展的一项体育活动。溱潼二中还自编了《抖空竹基本技能》校本教材，全校1000 多名师生，人人抖空竹，个个有绝活。

溱潼二中学生抖空竹

●广场舞

广场舞风靡全泰州，已经成为泰州全民体育健身活动的重要组成部分。泰州有关部门选派教练深入到各个社区广场，为广大市民提供规范的免费培训，并发起提出"泰州市广场舞公约"，倡导全市广场舞爱好者共同遵守，以促进广场舞良性发展，培育和谐、健康、文明的绿色广场舞文化。由高港区创意编导的广场舞——《洲堤杨柳舞港城》，代表我省参加全国首届原创广场健身操（舞）比赛，获得特等奖。

2014年泰州广场舞大赛

想一想

广场舞近几年普及率非常高，在给人们提供一种新的健身方式的同时，也带来一些诸如噪声扰民、阻碍交通等问题，对此，你有什么好的建议吗？

知识窗

泰州高港排舞在全球顶级大赛中夺冠

2016年1月，UCWDC世界排舞联赛冠军赛在美国田纳西州纳什维尔市拉开帷幕，代表中国参赛的高港区文体旅游局中老年排舞精英队从18个国家5114名选手中脱颖而出，摘得民族舞组和大众排舞组两个组别的冠军。

世界排舞协会副主席、大赛主裁判Sam说："这是2006年至今，我见过的最好的排舞，她们夺得冠军是当之无愧的。"

据介绍，UCWDC世界排舞联赛冠军赛是全球顶级的排舞赛事，吸引了世界各地排舞爱好者齐聚一堂，在团体和个人的各个组别项目中竞争角逐。本届比赛共有来自18个国家的5114名排舞选手报名参赛，是历届排舞比赛参赛人数最多的一次。

比赛分为大众排舞组、民族舞组和原创舞组等众多级别。高港大妈们参赛的两个节目"洲堤杨柳舞港城"和"茉莉飘香中华情"分别获得民族舞组和大众排舞组两个组别的冠军。

我们家的健身计划

活动目的：生命在于运动。为了我们的健康，必须坚持不懈地投入到健身活动中去。

活动步骤：

1. 确定自家周边的健身场所。

2. 了解家庭成员的健身喜好。

3. 根据一致活动或分批活动的原则，制订家庭成员的健身锻炼计划，具体到时间、地点、器物准备等。

4. 根据计划开展健身活动，并坚持下去。

活动提醒：

1. 制订健身计划要从实际出发，考虑到家庭成员的兴趣、爱好，鼓励他们积极参加一项或多项体育健身活动。

2. 有计划就要严格执行，长期坚持才有效果。

2 医疗保障

　　泰州医疗卫生事业发展迅猛，医院建设不断加快，形成了多元化发展新格局。至2015年年末，拥有各类卫生机构1970家，其中医院、卫生院175家，卫生防疫防治机构12个，妇幼卫生保健机构6个。各类卫生机构拥有病床21874张，其中医院、卫生院21500张，拥有卫生技术人员31000人。其中执业（助理）医师11300人、注册护士8769人。乡镇卫生院151个，床位7204张，卫生技术人员7198人；乡村医生和卫生员3959人。新型农村合作医疗人口覆盖率100%。县级公立医院全部创建三级医院。市疾控中心、卫生监督所服务能力达到苏中地区先进水平。基层医改逐步深化，基本公共卫生服务人均补助提高到40元，免费服务项目扩大到11类43项。服务质量和医疗水平不断提高，老百姓享有更加便捷、温馨、周到的医疗医保健康服务。

●医疗卫生机构

泰州市人民医院

始建于 1917 年，是三级甲等综合医院。医院分为南院、北院和新区医院三个院区。目前医院设有临床一、二、三级科室 58 个，49 个病区，实际开放床位 2200 张。医院十分重视高级技术人才的培养和引进，重点培育了一批面向 21 世纪的中青年科技人才，先后以多种形式与美国、法国、丹麦、新加坡、澳大利亚、以色列、比利时、芬兰等国进行学术交流合作，并派专家和高层管理人员赴美国、法国、英国、日本、澳大利亚等国考察访问学习。

泰州市人民医院新区医院位于周山河街区，占地 320 亩，总投资 18 亿元，建成后，床位达 3600 张，是苏中地区第一家整体规划建设的医院。泰州市人民医院新区医院一期工程将于 2016 年年底投入运营。

泰州市人民医院

泰州市中医院

三级甲等中医院。医院环境优美、设备精良、服务周到、技术精湛，全院共有 14 个病区，床位 480 张。三十多个中医特色专家专科门诊及"癌复康""滋泉丸""许氏膏药""破抗合剂""止咳祛痰灵"等百余种院内独特制剂，受到省内外患者的青睐，泰州市中医院许氏骨科传统医术被列入泰州市非物质文化遗产名录。位于济川路北、七里河东的一个现代化的市中医院新院即将竣工，将于 2016 年年底投入运营。

泰州市中医院

社区卫生服务

城市社区卫生服务机构由社区卫生服务中心和社区卫生服务站组成。社区卫生服务中心全部实施家庭责任医生制度。社区卫生服务人口覆盖率达到 90% 以上，城市社区卫生服务机构首诊率达到 40%，社区 60 岁以上老人健康体检和健康档案建档率达 90% 以上。

想一想

与大医院就诊相比，你认为社区卫生服务中心（站）的优势是什么？

乡镇卫生院

泰州按照省示范标准，不断充实全科医生和乡村医生队伍，大力加强乡镇卫生院和村卫生室的标准化建设，乡镇卫生院服务条件不断改善。泰州的乡镇基本形成"横向全面覆盖，纵向有机衔接"的"15分钟健康服务圈"。并积极实施基本药物制度，乡镇卫生院药品价格大幅下降，有效降低了群众在基层医疗机构的看病费用。

靖江市东兴镇卫生院、泰兴市河失镇卫生院、泰兴市曲霞镇卫生院、姜堰区俞垛镇卫生院、兴化市茅山镇卫生院被确认为省级示范乡镇卫生院。

省级示范卫生院——靖江市东兴卫生院

●疾病防治

泰州公共卫生坚持"预防为主，防治结合"的方针，坚持疾病防控机构、综合医院、基层医疗卫生机构三位一体，不断提高整体防病工作水平。传染病防治、地方病防治、慢性病防治、健康教育、预防保健等工作取得了显著的成绩。

艾滋病防治

中国是目前世界上在艾滋病预防和治疗方面做得最好的国家之一，尤其是在创新预防和治疗方面，中国发挥着非常重要的作用。泰州坚持预防为主、防治结合。大力宣传艾滋病的防治方法，提倡文明健康的生活方式和洁身自爱、自尊、自重的道德情操。如避免婚前、婚外性行为，严禁吸毒，不与他人共用注射器，不借用或共用牙刷、剃须刀、刮脸刀等个人用品等，在预防和治疗艾滋病方面成绩显著。我们要积极参与到艾滋病预防和控制的活动中去。

艾滋病防治宣传活动

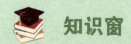

艾滋病 又称获得性免疫缺陷综合征（AIDS），是由人类免疫缺陷病毒（HIV）感染引起的一种传染病，主要经由性行为、血液接触或母婴接触传播。感染HIV后，人体的免疫功能会被抑制，容易导致病毒感染及肿瘤的发生，最后导致死亡。目前在全世界范围内仍缺乏根治HIV感染的有效药物。现阶段的治疗目标是：最大限度和持久地降低病毒载量；获得免疫功能重建和维持免疫功能；提高生活质量；降低HIV相关的发病率和死亡率。每年的12月1日为世界艾滋病日。世界艾滋病日的标志是红绸带。红绸带标志的意义：红绸带像一条纽带，将世界人民紧紧联系在一起，共同抗击艾滋病，它象征着我们对艾滋病病人和感染者的关心与支持；象征着我们对生命的热爱和对和平的渴望；象征着我们要用"心"来参与预防艾滋病的工作。

血吸虫病防治

血吸虫病是由血吸虫成虫寄生于人体所引起的地方性疾病。泰州市历史上曾经是血吸虫病流行较为严重的地区，经多年防治，危害已基本消除。血吸虫主要寄生于各类水域的钉螺中，及时消灭新发现的钉螺对于防治血吸虫病非常重要。每年四至五月份，沿江的江滩、通江河道都坚持进行查螺灭螺工作。加大对船员、渔民、中小学生等重点人群血防工作力度，预防和控制血吸虫病急性感染病例的发生，免费提供抗血吸虫基本预防药物，对经济困难农民的血吸虫病治疗费用予以减免，对符合救助条件的血吸虫病病人进行救助。

结核病防治

结核病是严重危害人民群众健康的呼吸道传染病，每年的3月24日是世界防治结核病日。彭丽媛女士是世界卫生组织结核病、艾滋病防治亲善大使，全国结核病防治形象大使。泰州高度重视结核病防治工作，大力开展结核病防治宣传教育活动，提高全民对结核病防治知识的了解，引导群众一旦发现可疑症状及时就诊。切实落实肺结核患者或疑似患者的发现、报告和转诊制度。对肺结核患者实行规范化治疗，免费提供规定的抗结核药品治疗和随访检查，切实减轻患者的医疗费用负担。由于全面推行现代结核病控制策略，完善结核病防治服务体系，认真落实各项结核病防控措施，泰州结核病疫情得到有效遏制。

慢性病综合防治

泰州以城乡基层医疗卫生机构为依托，建立居民电子"健康档案"，开展慢性病的筛查、预防、治疗等工作。倡导合理营养、清淡饮食、戒烟限酒、适量运动、心理平衡等健康生活方式，强化"吃动两平衡、健康一辈子"的健康生活方式和理念。指导患者通过行为干预和药物治疗对疾病进行预防和控制，对病人进行科学的康复和日常生活指导，并督促其进行随诊复查，从而降低并发症的发生，提高慢性病病人的生活质量，降低疾病的死亡率。泰州市区纳入基本医疗保险支付范围的慢性病种分三类共 30 种，慢性病门诊待遇实行定点医疗机构实时结报并按结算年度封顶，超过封顶标准部分由医疗保险经办机构每年 6 月份和 12 月份集中组织审核报销。

知识窗

慢性病 全称是慢性非传染性疾病，不是特指某种疾病，而是对一类起病隐匿，病程长且病情迁延不愈，缺乏确切的传染性生物病因证据，病因复杂，且有些尚未完全被确认的疾病的概括性总称。慢性病主要指以心脑血管疾病（高血压、冠心病、脑卒中等）、糖尿病、恶性肿瘤、慢性阻塞性肺部疾病（慢性气管炎、肺气肿等）、精神异常和精神病等为代表的一组疾病，具有病程长、病因复杂、健康损害和社会危害严重等特点。

学生慢性病防治

目前，近视、沙眼、龋齿、营养不良、肥胖、抑郁等慢性病正在侵蚀着同学们的健康。为了自己的健康成长，同学们应该大力提倡健康的生活方式，做好疾病预防工作，坚持每天活动锻炼在 1 小时以上。同学们应该平衡膳食，合理营养，做到食物多样化，纠正偏食、挑食的不良习惯，及时进行心理咨询及心理减压等。

●医疗保险体系全覆盖

泰州全市已形成覆盖范围广泛、筹资方式多元化、保障水平适度的多层次的城乡医疗保障体系。正稳步推进城乡医疗保险一体化，实现城乡居民大病医疗保险全覆盖。至 2015 年年末基本医疗保险参保人数达 83.78 万人。

城镇职工基本医疗保险：初步形成了以基本医疗保险为主体，以大病救助、公务员补助和企业补充医疗保险为辅助的多元化医疗保险体制。

城镇居民基本医疗保险：城镇户籍的非职工居民纳入参保范围，并允许长期居住在城镇、未参加新农合的农村户籍人员参保，实现了各类城镇居民参保制度上的全覆盖。

新型农村合作医疗：新农合保障水平稳步提高，至 2015 年新型农村合作医疗人口覆盖率 100%。

 知识窗

泰州市区城镇居民及学生儿童医保筹资标准调整

为进一步提高城镇居民及儿童医疗待遇水平，从 2016 年 7 月 1 日起，泰州市区城镇居民基本医疗保险筹资标准为每人每年 675 元，具体为：对一般居民（含老年居民），财政每人每年补助 425 元，个人每年缴纳 250 元；对特困居民，财政每人每年补助 545 元，个人每年缴纳 130 元。从 2016 年 9 月 1 日起，泰州市区学生儿童基本医疗保险筹资标准为每人每年 515 元，其中财政每人每年补助 425 元，个人每年缴纳 90 元。

 想一想

城乡医疗保障体系的建立，能解决哪些问题？

怎样预防近视?

活动目的: 养成正确的用眼习惯,保持良好的视力,预防近视。

活动步骤:

1. 调查本班级或本年级近视人数。

2. 了解近视眼的成因和危害。

3. 制定切实的预防措施。

4. 将搜集的材料整理,以 PPT 或微视频的形式展示。

活动提醒:

1. 大力宣传预防近视的办法。

2. 预防要持之以恒。

2015 年,泰州荣获全国文明城市称号。这是我市物质文明、政治文明、精神文明、社会文明、生态文明建设取得的一个重大成果,标志着泰州的知名度、美誉度、文明度和竞争力有了新的、质的飞跃。泰州坚持繁荣新城与改造老城一同发力,坚持"要金山银山,更要绿水青山",正向着"经济强、百姓富、环境美、社会文明程度高"的目标,着力建设以大健康产业集聚为特色的中国医药名城,以江海联动、工贸发达为特色的长江经济带港口名城,以文昌水秀、古今交融为特色的国家历史文化名城,以水城水乡、都市花园为特色的长三角地区生态名城,打造人民群众有更多自豪感、幸福感、归属感的"康泰之州、富泰之州、祥泰之州",谱写好中华民族伟大复兴中国梦的泰州篇章。

周山河新城

总　结

体育健身

● 竞技体育硕果累累

● 健身设施日益完善

● 全民健身形式多样

医疗保障

● 医疗卫生机构

◇ 泰州市人民医院

◇ 泰州市中医院

◇ 社区卫生服务

◇ 乡镇卫生院

● 疾病防治

◇ 艾滋病防治

◇ 血吸虫病防治

◇ 结核病防治

◇ 慢性病综合防治

◇ 学生慢性病防治

● 医疗保险体系全覆盖

自我检测

1. 辨别：城镇医疗保险与新型农村合作医疗。

2. 列举：泰州地区特色体育健身项目。

3. 解释：体育健身圈。

4. 描述：学生慢性病。

5. 推断：近视眼是因为看书太多的缘故吗？

6. 批判性思考：全民健身的体育事业主要靠政府推动。

7. 应用：为家人绘制一张"看病花费单"，感受医保带来的实惠方便。

后 记

我们的家乡——泰州，非常美丽。泰州的地美，水美，城美，人更美。"泰州太美"的口号不但响彻全国，更是深深地刻在我们每个泰州人的心坎里。从国家卫生城市到全国双拥模范城市、国家环保模范城市、国家园林城市、中国优秀旅游城市、全国科技进步先进市、国家历史文化名城，再到全国文明城市、中国吉祥文化之乡，泰州这座古老而又年轻的地级中心城市，正以其无限的活力载誉神州大地。泰州是富泰之州、康泰之州、祥泰之州。《美丽泰州》这本书力求从一个小小的侧面叙述泰州的美丽富饶，展示泰州的发展变化，揭示泰州的文化底蕴，描绘泰州光辉灿烂的明天。

本书的编写工作是在泰州历史文化研究会和泰州市教育局的具体领导和组织下进行的。原泰州市政协主席、泰州历史文化研究会会长陈克勤，泰州市委副书记卢佩民，泰州市委常委、宣传部长常胜梅，泰州市副市长王学锋和泰州市政协副主席、泰州市教育局局长奚爱国指导了全书的编撰工作，泰州市教育局副局长孙平、副调研员朱三峰和泰州市教育局办公室主任戴荣、教研室主任石志群、泰州市教科所副所长胡唐明等负责全书的具体策划。泰州学院的袁永谦副教授、钱成副教授和我对本书进行了认真审读，精心修改。泰州日报社曹茂良社长、中国青年出版总社高级编辑袁建民先生对本书予以了审订。泰州市有关部门提供了帮助。对以上所述及的领导和专家，我们再次表示衷心的感谢！

本书各章的作者分别是：第一章（水陆要津 宜居宝地）的作者是：韩娟、桑复辉、王阿娣、钱彩霞；第二章（汉唐古郡 淮海名区）的作者是：钱成、陈刚、黄晓芹、李健、王阿娣；第三章（百业兴旺 经济发达）的作者是：袁永谦、韩娟、桑复辉、王阿娣、李筛元；第四章（教育兴市 体卫繁荣）的作者是：袁永谦、陈刚、黄晓芹、钱彩霞、韩娟、李健。各位老师查阅资料，潜心研究，认真写作，反复修改，为本书的顺利付梓贡献了自己的学识和智慧，心血和汗水。

为本书提供图片的有范观澜、顾祥忠、杨天民、骆忠明、高峰、顾俊等摄影家，还有季良平、陈刚等老师。这些精美的图片，使本书熠熠生辉。对他们的辛苦劳动在此表示诚挚的谢意。

由于我们水平有限，尽管已作出了很大努力，但难免会出现这样那样的问题，恳请广大读者和专家在阅读过程中发现问题，多多批评指正，以便再版时加以修改、完善。

徐金城 于泰州凤凰园

2016 年 8 月 18 日

（作者系泰州历史文化研究会副会长、秘书长、教授）

图书在版编目(CIP)数据

美丽泰州 / 徐金城，孙平，朱三峰主编. -- 南京：
南京大学出版社，2017.1
ISBN 978-7-305-14016-7

Ⅰ. ①美… Ⅱ. ①徐… ②孙… ③朱… Ⅲ. ①泰州—
概况—中小学—乡土教材 Ⅳ. ①G634.591

中国版本图书馆CIP数据核字(2016)第315758号

出版发行　南京大学出版社
社　　　址　南京市汉口路22号　　　　　　邮　　编　210093
出 版 人　金鑫荣

书　　名　美丽泰州
主　　编　徐金城　孙　平　朱三峰
责任编辑　官欣欣　杨金荣　　　　　　编辑热线　025-83593947

照　　排　南京南琳图文制作有限公司
印　　刷　江苏扬中印刷有限公司
开　　本　787×1092　1/16　印张 11.75　字数 228千
版　　次　2017年1月第1版　2017年1月第1次印刷
ISBN 978-7-305-14016-7
定　　价　18.00元

网　　址：http://www.njupco.com
官方微博：http://weibo.com/njupco
官方微信号：njupress
销售咨询热线：（025）83594756